Gestión del tiempo y del estrés

for ROOKIES

LID

mc

LID Editorial Empresarial
Sopelana 22, 28023 Madrid (España)
Tel 913729003 - Fax 919728514
info@lideditorial.com
LIDeditorial.com

LID Editorial Mexicana
Homero 109, Despacho 1405
Tel (55) 5255 4883
info@lideditorial.com.mx
LIDeditorial.com.mx

A member of BPR

businesspublishersroundtable.com

Impreso en España / Printed in Spain

Editores de la colección: Marcelino Elosua y Matin Liu
Editores: José Antonio Menor y Pom Somkabcharti
Título original: *Time and Stress Management*
Texto original: Frances Kay
Traducción: Ana Lafuente
Ilustración: Nuria Aparicio y Joan Guardiet
Corrección: Pablo Martín y Maite Rodríguez Jáñez
Maquetación: ideas@nicandwill.com

ISBN: 9788483561218
D.L.: M-15.355-2009

¿A quién le dedicas tu éxito
cuando te lo debes todo a ti mismo?

Índice

01:00

Introducción

Poco importa quién seas o a lo que te dediques, siempre tienes unos objetivos que cumplir y para ello tienes que ser organizado. Dicho de otra forma: las personas que se organizan mejor tienen más probabilidades de lograr sus objetivos que las que no lo hacen. Cuando no sabes gestionar tu tiempo puedes desmoralizarte al pensar que las horas pasan sin que puedas hacer nada por evitarlo. ¿Por qué nos obsesionamos con la organización de nuestro tiempo? ¿Tan malo es que los días pasen sin que logremos aquello que nos hemos propuesto? ¿Por qué nos preocupa tanto?

¿Te disculpas a menudo por no haber cumplido un plazo o una promesa, o por no haber hecho lo acordado? Hay personas que alardean de la gran carga de trabajo que tienen y de la presión a la que están sometidos... ¿Acaso tienen miedo de ser considerados menos importantes si simplemente tienen suficiente trabajo, en lugar de demasiado?

Se ha escrito mucho sobre lo agobiante que puede llegar a ser nuestra vida, y es cierto que, a menudo, tenemos muchas cosas que hacer. A veces no disponemos del tiempo o los recursos suficientes para llevar a cabo la tarea que tenemos entre manos. Pero eso es sólo un problema si carecemos de las estrategias y las tácticas necesarias para gestionar esta situación. Nuestro objetivo es proporcionarte ideas prácticas y métodos sencillos que puedes poner en práctica fácilmente. Adquirirás las habilidades necesarias para mantener la cabeza fría en situaciones en las que el resto puede que la esté perdiendo. No sólo gestionarás mejor el tiempo, sino que serás más eficaz y tendrás más confianza en ti mismo y mantendrás tu nivel de estrés a raya.

En el siglo XXI, parece que está de moda tener poco tiempo. Para muchas personas, el estrés forma parte de la cultura empresarial actual. Si no estás sobrecargado de trabajo, no trabajas lo suficiente. Y ciertamente, la diversidad de opciones que existen hoy en día introduce un importante grado de complejidad en la vida. Por ejemplo, en la actualidad tenemos múltiples maneras de comunicarnos con las personas: cara a cara, por teléfono, correo electrónico, mensajes de texto, carta o fax. ¿Cuál de todas ellas es la más apropiada? No hace tanto tiempo, cuando un asunto era muy urgente, acudíamos directamente a la persona que lo podía solucionar. Si no era tan urgente, se escribía una carta. Y si no era urgente en absoluto, probablemente no se hacía nada al respecto. Y, quién sabe, quizá no pasara nada.

Con el avance de las tecnologías de la información y su desarrollo vertiginoso, tendemos a exigir cada vez una mayor productividad. La tecnología permite que todo suceda más aceleradamente. Cuando todo va bien, esto es una ventaja; pero cuando algo se estropea, lo hace mucho más rápidamente también. Los errores asumen proporciones épicas en cuestión de segundos, y esto genera cansancio y estrés. Al mismo tiempo, la expectativa de la *satisfacción inmediata* contribuye a aumentar el estrés. Se espera de nosotros que estemos disponibles las 24 horas del día, por lo que no es sorprendente que nos sintamos agotados.

Este libro ha sido diseñado para ayudar a aquellas personas que deseen combatir el estrés y hacerse con el control de su vida laboral. Te darás cuenta de que, en lugar de hacer más cosas en el día, acelerar el ritmo y hacer todo más rápido, es más útil dedicar un tiempo a pensar en lo que deberías estar haciendo realmente. Esto implicará que en muchos casos lo que tengas que hacer es menos cosas, sobre todo de esas que realmente no tienes que hacer, de forma que dispondrás de más tiempo para pensar cómo hacer las que sí debes realizar. Muchas veces, menos es más.

Cuando termines de leer este libro, dejarás de sentir que estás continuamente resolviendo crisis y dando bandazos de un problema a otro. Descubrirás métodos, herramientas, técnicas, consejos prácticos e incluso un plan para mantener los buenos hábitos. Te sentirás más relajado porque tendrás menos estrés. Y entonces podrás disfrutar del tiempo que has ahorrado.

Dejarás de ser un *Rookie* para convertirte en un experto en la gestión de tu propia jornada laboral y contarás con los medios para abordar la presión de una forma más saludable. Estarás preparado para manejar los elementos sorpresa que producen un impacto demoledor en tu agenda. Si deseas mejorar tu rendimiento, ser más eficiente y eficaz, y alcanzar mejores resultados de una forma más sencilla, éste es tu libro. La pregunta es ¿tienes tiempo para leerlo? (si tu respuesta es no, entonces eres el mejor lector que podemos tener).

Gestionar el tiempo es aprovechar al máximo un recurso finito y muy valioso. Existen muchos mitos alrededor de cómo hacerlo correctamente, pero nuestro primer consejo es que no pierdas el tiempo con estas teorías. En este capítulo te enseñaremos los conceptos básicos (de una forma práctica y útil) que te permitirán empezar a plantearte qué es lo que tú puedes hacer para empezar a conseguirlo.

CAPÍTULO 1

¿Qué es la gestión del tiempo?

La mayoría de las personas cree saber lo que es la gestión del tiempo. Aparentemente es un concepto bastante sencillo pero encierra mucho más de lo que parece a primera vista. Lo que para uno es una buena gestión del tiempo, para otro puede ser totalmente lo contrario. A continuación te ofrecemos una guía básica sobre las diferentes maneras de abordar el problema del tiempo. El propósito de estas recomendaciones generales es presentar los diferentes aspectos de la gestión del tiempo, que te ayudarán a descubrir qué significa este concepto para ti. Una vez hayas comprendido estos principios, serás capaz de establecer qué métodos de gestión del tiempo son los más útiles en tu caso. ¿Has detectado áreas que presentan una dificultad especial para ti? El objetivo es que tengas una serie de soluciones prácticas a las que puedas acudir fácilmente cuando las necesites. Puede que en este momento aún no entiendas el paso que te aventuras a tomar, pero cuando acabes el libro verás que eres todo un experto en la gestión del tiempo y podrás evaluar el impacto que esto ha tenido en tu día a día.

En qué consiste la gestión del tiempo

¿Por qué decimos que el tiempo es un recurso valioso? Fundamentalmente porque es un elemento que escapa a nuestro control: no puedes comprarlo, guardarlo o impedir que siga su curso. No lo puedes recuperar, rebobinar o reciclar. Cada minuto que pasa se ha ido para siempre. Por eso merece la pena tratarlo con respeto e intentar obtener el mejor resultado en cada precioso momento. Si deseas maximizar el potencial que te ofrece, tienes que gestionar tus acciones adecuadamente.

Rookieconsejo

Gestionar adecuadamente el tiempo implica ser organizado, eficiente y utilizarlo con inteligencia.

Nadie, por muy buena memoria que tenga, es capaz de recordar todo. Gestionar adecuadamente el tiempo implica ser organizado, eficiente y utilizarlo con inteligencia. Te será útil detenerte y pensar en tus prioridades, establecer qué tienes que hacer y para cuándo has de hacerlo. Esto no es ninguna pérdida de tiempo; de hecho, es una sabia inversión que te llevará aproximadamente una hora.

La mayoría de las personas se ven incapaces, en un momento dado, de hacer todo lo que tienen que hacer en el tiempo del que disponen. Que te ocurra esto es bastante normal y no significa que no sepas gestionar bien tu tiempo. Sin embargo si esta dificultad tiende a ser una constante en tu vida, en mayor o menor grado, tienes un problema de gestión del tiempo. Todo el mundo siente a veces que todo conspira a su alrededor para evitar que lleve a cabo el trabajo como estaba planeado, pero si vives en un estado de caos semipermanente, debes tomar medidas.

Probablemente tienes demasiadas cosas que hacer y muy poco tiempo para ello. Puede que te dediques únicamente a resolver los asuntos urgentes y de esa forma no encuentres nunca el tiempo para abordar los realmente importantes. ¿Tienes la mesa hecha un completo caos y repleta de papeles? ¿Te bombardean las interrupciones a diario y te encargan tareas con plazos imposibles?

Rookieconsejo

Una buena gestión de tu tiempo te aportará rápidamente varios beneficios: tu eficiencia, tu eficacia y tu productividad aumentarán; además, tu imagen mejorará delante de tus compañeros.

La gestión del tiempo debe abordarse a la par que la propia gestión de uno mismo. Para ser un buen gestor del tiempo hace falta disciplina reforzada por buenos hábitos. Si mejoras tu forma de gestionar el tiempo, observarás diversos beneficios (inmediatos). Mejorarás tu eficiencia, tu eficacia y tu productividad, y variará la percepción que los otros tienen de ti en el puesto de trabajo.

También eliminarás la presión que sufres en el trabajo, de forma que dejarás de sufrir estrés negativo (en el capítulo siguiente se trata la cuestión del estrés con mayor profundidad). Para ello es importante que trabajes de forma eficaz, es decir, que te dediques a hacer las cosas adecuadas y a anticipar qué es lo que queda por hacer mediante una planificación eficiente.

Mucha gente cree ser buena gestora del tiempo porque confunde eficiencia con eficacia, una trampa habitual. Eficiencia es hacer las cosas de forma ágil y correcta y gestionar el tiempo eficazmente significa saber qué tareas son importantes para concentrarse en ellas en lugar de en las que son insignificantes. No importa lo bien que lleves a cabo tus rutinas o las tareas menos importantes si te están haciendo perder el tiempo.

Rookieconsejo

Identifica qué tareas son importantes y concéntrate en ellas. Ir a lo importante te ayudará a mejorar de manera significativa la gestión de tu tiempo.

Cómo conseguir gestionar bien el tiempo

Para tener éxito, debes desarrollar habilidades y hábitos que, usados correctamente, tendrán un efecto positivo en ti. Estas habilidades no sólo te servirán para llevar a cabo tu trabajo con éxito, sino que son fundamentales para que te consideren una persona competente y capaz.

En primer lugar, es importante ser organizado, tanto en el trabajo como en casa. Si te dejas llevar por los acontecimientos en lugar de tener el control sobre ellos, es bastante probable que esto acabe influyendo también en tu tiempo libre. Todos los hábitos constructivos que adquieras te serán de gran ayuda. En otras palabras, tenemos buenas noticias: cuanto más practiques, más fácil te resultará gestionar bien el tiempo. Los buenos hábitos te ayudarán a organizarte mejor a la hora de planificar y llevar a cabo tu trabajo. En cambio, te advertimos acerca de los malos hábitos: es fácil caer en ellos pero puede resultar muy difícil salir.

Rookieconsejo

No descuides cómo planificas tu tiempo y cómo llevas a la práctica esta planificación ya que esto afecta de manera fundamental a la buena gestión de tu tiempo.

No hay nada peor que llegar al final del día con la sensación de que has logrado poco o, más bien, nada. Si quieres gestionar bien el tiempo, debes tener en cuenta dos factores: cómo planificas tu tiempo y cómo llevas a la práctica esta planificación. Éstas son algunas de las habilidades que aprenderás más adelante: cómo planificar, cómo hacer una autoevaluación, cómo realizar un plan de acción y cómo fijarte objetivos.

A continuación explicamos brevemente los conceptos fundamentales para que tengas una idea de lo que son y para que cuando los mencionemos tengas claro a qué nos referimos.

Planificación

Es el paso previo a cualquier acción. Sea cual sea la tarea que tienes que realizar, estúdiala, investígala y analízala. Si es compleja, comprueba cómo la vas a llevar a cabo, consulta a otras personas si tienes dudas, comunícate. Cuando lo tengas claro decide cómo la vas a realizar. Un buen momento para planificar es al empezar el día. La forma en que abordes la primera hora del día determinará cómo te enfrentarás al resto de la jornada. Si consigues que esa primera hora sea productiva (incluso aunque la dediques a escribir tu lista de tareas, como veremos más adelante), habrás marcado una buena tendencia. Si te concentras en lo que deseas conseguir y dejas que tu mente formule un plan que te permita llegar hasta ello, habrás puesto la primera piedra para conseguir un resultado positivo.

Autoevaluación

Si deseas mejorar algo, primero debes saber si lo estás haciendo bien o mal. Sin un punto de referencia frente al que comparar el progreso, ¿cómo puedes llevar a cabo ningún cambio? Es interesante que compruebes cuáles son las áreas más susceptibles de mejora. ¿Pasas horas al teléfono o acudes a reuniones interminables e innecesarias? ¿Cuál es tu mayor *ladrón de tiempo*? ¿El exceso de papeles o, simplemente, el desorden de tu mesa? No podrás responder a estas preguntas si no conoces (en profundidad y honestamente) cuáles son tus prácticas en el trabajo. O, en otras palabras, en qué se te va el tiempo.

Diseño de un plan de acción

No lograrás grandes progresos en tu gestión del tiempo, sin un plan de acción por escrito. Lo ideal es que lo revises y actualices regularmente. Una posibilidad, es que repases diariamente tu plan de trabajo completo para el futuro más inmediato. Algunas cosas son bastante fáciles de incluir, como tus tareas habituales para los meses siguientes. En cambio, otras son mucho menos claras, ya que no se pueden prever con mucha antelación, si es que es posible hacerlo (por ejemplo, no sabes cuándo va a aumentar el precio de los carburantes o cuándo van a variar los tipos de interés, porque todo eso escapa a tu control). Tu objetivo es instaurar una disciplina de gestión del tiempo que incluya la siguiente información: qué tareas haces, cuáles delegas (si es que lo haces), cuáles pospones y cuáles pasas por alto, así como el orden en que lo haces.

Formulación de objetivos

Para poder trabajar de manera eficaz es necesario establecer qué es importante. Esto puede parecer simple y obvio, pero no infravalores cómo afecta esto a tu eficacia. Si sabes establecer cuáles son los objetivos por los que merece la pena esforzarse y cuáles son las cuestiones fundamentales, podrás identificar qué tareas provocan un mayor impacto en tu gestión del tiempo. Al igual que antes, unas cosas estarán más claras y otras menos. Los gestores expertos del tiempo (y eso es, sin duda, en lo que te vas a convertir) dedican la mayor parte de su tiempo y energía a las prioridades. Lo que te convertirá en un excelente gestor del tiempo es tu capacidad para decidir con rapidez y firmeza sobre cuáles son tus prioridades. No seas una de esas personas que dedican horas y horas a pensar qué hacer primero para, al final, cambiar de opinión. Es cierto que las circunstancias pueden cambiar, pero lo único que necesitas en ese caso es revisar (evaluar) tus tareas y objetivos con continuidad.

Definidos estos cuatro conceptos fundamentales, echemos un vistazo a algunos mitos existentes sobre la gestión del tiempo.

Eficiencia es lo mismo que eficacia

Incorrecto. Ser eficiente significa hacer una cosa de manera rápida y correcta aunque se trate de una rutina mecánica. Pero, en sí misma, la eficiencia no es una buena práctica de gestión del tiempo. La eficacia consiste en hacer las cosas adecuadas y detectar qué tareas son prioritarias. Si haces las cosas adecuadas en el momento oportuno, conseguirás tus objetivos. Y eso significará que has gestionado el tiempo adecuadamente.

Si quieres que un trabajo esté bien hecho, hazlo tú mismo

No, no necesariamente. Uno de los principios básicos de la gestión del tiempo es la capacidad y, no menos importante, la voluntad de delegar. Si no sabes delegar o no lo haces, tu gestión del tiempo será deficiente y tu productividad baja. Nadie puede (ni debe) hacerlo todo, por muy bueno que sea. En ocasiones, las personas no delegan porque no saben cómo hacerlo (veremos más sobre este tema más adelante). Pero si dedicas tu tiempo a tareas que deberían ser realizadas por otra persona, no podrás concentrarte en lo que de verdad tienes que hacer. Una vez que aprendas a hacer esto, notarás que consigues mucho más. La capacidad y la voluntad de delegar son primordiales si deseas utilizar tu tiempo correctamente. Lo contrario, la incapacidad o la falta de voluntad para delegar adecuadamente, es una de las principales causas de gestión deficiente del tiempo.

Una tarea siempre debe ser realizada de la misma manera

¿Por qué? Todo el mundo conoce la frase: «Si buscas resultados distintos, no hagas siempre lo mismo». Puede que en el trabajo hayas observado que alguien hace algo de un modo que te parece peculiar. Cuando le preguntas por qué lo hace así, probablemente te dirá que siempre lo ha hecho de esa forma. Es sorprendente cuánto tiempo malgastamos haciendo las cosas como las hemos hecho siempre, aunque no funcionen o sólo funcionen a medias. Es posible que la razón por la que las personas se resisten al cambio sea el miedo a lo desconocido y la falta de tiempo para plantearse las cosas correctamente. Una de las reglas de la gestión del tiempo es dedicar tiempo a pensar sobre las cosas antes de hacerlas. No te lances precipitadamente a hacer algo si, tras unos momentos de reflexión, descubres que, actuando de otra manera, la situación puede mejorar sustancialmente. La capacidad de ser flexible y no quedarse estancado es de gran ayuda en la gestión del tiempo. Ten un pensamiento *panorámico*.

No tengo tiempo para gestionar mi tiempo

Si es tanta la presión a la que estás sometido, eso quiere decir que no estás gestionando tu tiempo adecuadamente. Párate a pensar y planifica. No vayas a tontas y a locas. Un buen gestor del tiempo debe dedicar todos los días un rato a planificar y pensar cuidadosamente. Puede que parezca que no estás muy ocupado mientras lo haces (es decir, mientras piensas), pero un error muy común es confundir la ocupación con los resultados. Si te tomas el tiempo necesario para planificar tu agenda del día y establecer qué tareas son realmente necesarias, disminuirá drásticamente la presión del tiempo sobre ti.

Las personas creativas no pueden ser buenas gestoras del tiempo

Algunas personas creativas afirman con orgullo que no saben gestionar el tiempo. Se jactan como si fuera una cuestión de honor, e incluso hay quién no lleva reloj como muestra de ello. Piensan que la inspiración y la eficacia son incompatibles. Pero conocer las técnicas de gestión del tiempo adecuadas, te permite utilizarlas tan creativamente como quieras. Puede ser algo tan sencillo como levantarte media hora antes por las mañanas para evitar la hora punta al ir a trabajar. Tal vez no suene muy alentador, pero podría tener un efecto enormemente beneficioso en tu día. Es sorprendente cómo a veces, cambiando algún pequeño matiz, se consiguen grandes resultados. Las repercusiones pueden ser mucho mayores de lo que hubieras imaginado. Existen numerosas técnicas sencillas que transformarán radicalmente tu forma de gestionar el tiempo y tus resultados. Las únicas limitaciones que tienes son tu energía y tu capacidad. Pero recuerda que es extremadamente difícil ser imaginativo si estás gestionando una crisis en situación de pánico.

Cómo organizarse

¿Dedicas una parte del día a pensar y planificar? Muchas personas creen que lo hacen y su respuesta sería *sí*. Pero quizás, si eres totalmente sincero, te des cuenta de que no pasas tanto tiempo pensando qué es lo que tienes que hacer y cuánto se tarda en realizar esa tarea. A veces, lo único que hace falta es un poco de planificación: saber qué tienes que hacer y qué quieres conseguir.

Después de todo, de poco sirve hacer planes antes de conocer todos los datos y todas las implicaciones. Tendrás muchas más probabilidades de dar con las mejores ideas y estrategias si introduces un poco de flexibilidad en tu pensamiento.

Rookieconsejo

Las buenas técnicas de gestión del tiempo deberían ser flexibles.

Son muchas las personas que tienen problemas con la gestión del tiempo. No pienses, ni por un momento, que eres el único. A continuación se exponen algunas de las razones por las que puede que no estés controlando tu tiempo:

- **Incapacidad para planificar**
  Como has visto, tienes que ser organizado para gestionar bien el tiempo. Más adelante se detallan consejos para mejorar la planificación y la organización, que te ayudarán a dominar el caos e introducir disciplina y orden en tu vida.

- **Las interrupciones se producen**
  Si no eres capaz de evitar las interrupciones (ya sean debidas a otras personas o a la tecnología), tendrás enormes dificultades para gestionar el tiempo. En este libro aprenderás a manejarlas eficaz y profesionalmente, de forma que tu día no quede en manos del azar.

- **Posponer las tareas**
  Quizá, la principal razón del fracaso en la gestión del tiempo sea dejar las cosas para más tarde. Algunas de las tareas son demasiado grandes o abrumadoras, y otras veces, simplemente, no nos gusta el trabajo y haríamos lo que fuera por evitarlo. ¿O puede ser que se trate de miedo al fracaso? En tu relación de técnicas de gestión del tiempo debes incluir formas de evitar postergar las cosas.

- **Gestión de las crisis**
  De vez en cuando se producen crisis. No todas se pueden evitar. Pero si no gestionas adecuadamente el tiempo, las crisis se convertirán en catástrofes. Disponer de procedimientos organizativos en los que apoyarte te ayudará a sortear las crisis a tiempo para evitar males mayores.

- **Toma de decisiones**
  Tomar e implantar decisiones es una buena forma de abordar la gestión del tiempo. Es posible que en ocasiones no hayas tomado decisiones porque no has sabido cómo hacerlo o porque no has sido capaz de diferenciar una buena de una mala decisión. No te preocupes, cuando acabes este libro, la toma de decisiones no será ningún obstáculo.

- **Deseo de perfección**
  Gestionar bien el tiempo no significa realizar todas las tareas *tan bien,* que sea imposible mejorarlas. De hecho, en lo que se refiere a la gestión del tiempo, a menudo bastará con que lo hagas suficientemente bien. El Principio de Pareto (también conocido como la Regla de 80/20), establece que el 20% del esfuerzo produce el 80% de los resultados, y que ese 80% es, con frecuencia, suficientemente satisfactorio. La aplicación de este principio es una de las herramientas de gestión del tiempo más útiles.

Profundizaremos de forma individual en cada uno de estos temas. De esta forma, contarás con una guía completa para mejorar tus habilidades organizativas, tus procesos de trabajo y la gestión integral de tu tiempo.

Antes de pasar a las tácticas operativas, recapitulemos sobre las cuestiones principales.

Se mire por donde se mire, la gestión del tiempo está íntimamente relacionada con los resultados económicos de la empresa.

Una gestión del tiempo deficiente tiene un coste negativo tanto para ti como para tu jefe y tu empresa. No puedes permitirte no hacerlo bien. Desde el punto de vista del jefe este coste es fácilmente cuantificable en términos de salario. Pero quizás el aspecto económico puede ser el menos importante. Otros costes de la gestión del tiempo deficiente son:

- Pérdida de control.
- Estrés.
- Rendimiento reducido.
- Derroche de recursos.
- Pérdida de oportunidades.
- Comunicación deficiente.
- Falta de motivación.
- Moral baja.
- Incapacidad para adaptarse al cambio.

La lista podría ser mucho más larga. La gestión del tiempo te proporciona la oportunidad de dedicarte a hacer las cosas que realmente debes hacer. Si planificas y gestionas el tiempo correctamente, tu rendimiento mejorará y lograrás los resultados deseados. Las personas que no saben o no quieren gestionar su tiempo, tienen más probabilidades de ser ineficientes e ineficaces. Las tareas les llevan más tiempo, cometen errores, pierden las cosas o las dejan sin hacer.

Rookieconsejo

Tanto tú, como tu jefe y tu empresa pagareis un elevado coste por una gestión deficiente del tiempo, que no os podéis permitir.

En los siguientes capítulos aprenderás, entre otras cosas, a conocerte a ti mismo y a planificar, priorizar y hacer listas de tareas. Pero también desarrollarás buenos hábitos de gestión del tiempo, crearás sistemas que funcionen (para ti) y aprenderás estrategias para abordar los imprevistos.

Rookieconsejo

La planificación y gestión correcta del tiempo hará que tu rendimiento mejore y que logres los resultados deseados. Además, te facilitará la oportunidad de dedicarte a hacer las cosas que realmente debes hacer.

Rookieherramientas

En este capítulo se han explicado algunas nociones básicas sobre gestión del tiempo, por qué ésta es importante y por qué deberías aprender algunas habilidades.

Para entender los principios de la gestión del tiempo, recuerda:

- No es importante cuánto tiempo dedicas sino cómo lo gestionas.
- Es muy importante conocer, planificar las tareas.
- La gestión del tiempo eficaz es muy importante para la productividad.
- Si gestionas tu tiempo adecuadamente controlarás y manejarás mejor los elementos sorpresa.
- Si eres capaz de gestionar bien las interrupciones, los problemas y las crisis, no tendrás que apagar ningún fuego.
- Cuando se gestiona bien el tiempo no se postergan las tareas y, así, te ahorras numerosos problemas en el futuro.
- Es fundamental ser organizado. Prepárate, planifica y concéntrate para conseguir más cosas.
- La incapacidad para decir *no* hace estragos en el control del tiempo.
- El objetivo de los gestores del tiempo eficaces es trabajar de forma más inteligente en lugar de más exhaustivamente o durante más horas.
- Lo mejor para hacer muchas cosas es hacerlas de una en una.

Rookie en acción: en la gestión del tiempo, el tiempo no es lo único que cuenta, sino también las tareas. Si aprendes a gestionar bien tu tiempo, lograrás tus objetivos y tus acciones producirán buenos resultados. Para tener éxito, necesitas desarrollar habilidades y hábitos que, utilizados correctamente, te producirán un efecto estimulante. Estas competencias no sólo te ayudarán a hacer bien tu trabajo, sino que te permitirán dar una imagen de persona capaz y competente.

También conviene ser organizado. Por suerte, las técnicas de gestión del tiempo son muchas y variadas. Cada persona utilizará las que mejor se le ajusten. Una vez comprendas los principios, podrás adaptar las normas a tus circunstancias particulares y aplicarlas, ya que los planteamientos a medida siempre funcionan mejor. Todos los hábitos constructivos que desarrolles, mejorarán tu gestión del tiempo y te ayudarán a evitar el exceso de estrés.

Cosas que voy a hacer...

Cosas que necesito que otros hagan por mí...

Dejando a un lado la cuestión de la gestión del tiempo por un momento, este capítulo aborda el estrés y todo lo relacionado con él. Se trata de un mal que aqueja a muchas personas así que es conveniente empezar por este punto. Puede que a ti no te afecte, pero es bastante probable que lo haga en algún momento de tu vida. Puede que conozcas a alguien que lo padezca (en el trabajo o en tu entorno personal). El estrés afecta especialmente a las personas que no gestionan adecuadamente el tiempo y, a la vez, es consecuencia directa de su reticencia a adaptarse al cambio.

CAPÍTULO 2

La gestión del estrés

No existe una descripción definitiva del concepto de estrés, ya que lo que para unos es estresante, para otros es aceptable o incluso placentero. Si pides a diez personas que definan el estrés, probablemente obtengas diez respuestas diferentes. Pero existen muchas formas de identificarlo.

Este capítulo identifica algunos de los signos y síntomas propios del estrés, al tiempo que describe situaciones típicamente estresantes. También señala algunas de las razones por las que las personas padecen estrés o sobrecarga de trabajo o se sientan agobiadas. Una vez te hayas familiarizado con todo esto, serás capaz de aplicarlo a lo que has aprendido sobre gestión del tiempo. También te explicaremos algunos métodos para vencer el estrés, pero entraremos en detalles más adelante.

Identifica el estrés

El término estrés lleva presente en nuestro lenguaje varios siglos, pero en un contexto diferente al de hoy en día. Uno de sus promotores fue un inventor inglés del siglo XVII llamado Robert Hooke que lo aplicaba para sus experimentos sobre la tolerancia de los materiales de carga.

En la actualidad, el concepto se ha extendido a la actividad humana, que ciertamente también hace referencia a entidades de carga. Es posible medir fisiológica y psicológicamente los efectos del exceso de tensión. La mayoría de las personas hablan del estrés en términos negativos. Es habitual oír hablar de los efectos de estar estresado. Pero, en determinadas circunstancias, el estrés puede considerarse un fenómeno positivo: la capacidad de utilizar los recursos internos para afrontar los retos y lograr objetivos *realistas* (nótese aquí el énfasis en la palabra realistas). Si eres una persona relativamente despreocupada, puede que carezcas también de ese estrés positivo.

Rookieconsejo

Existe un estrés positivo, aunque es verdad que en la mayoría de las ocasiones se habla de él de forma negativa.

Cuando tienes ante ti un gran número de tareas que realizar o de plazos que cumplir, lo normal es que te sientas agobiado e incapaz de manejar la situación. Cuando el estrés te empieza a afectar, sientes que te falta el aire y te ahogas. Y en ese momento es cuando más necesitas realizar actividades que te equilibren, como relacionarte, dedicarte a tus aficiones, hacer deporte o, simplemente, distraerte. Sin embargo, las personas que sufren estrés, con frecuencia creen que deben eliminar todas estas actividades para ganar tiempo. Esto es perfectamente comprensible, aunque extremadamente desaconsejable. Si estás cansado, agotado y exhausto, necesitas reducir el ritmo o detenerte y plantearte cuál es la causa del estrés.

El estrés positivo frente al estrés negativo

Como veíamos antes no todo el estrés es necesariamente negativo. El antónimo del término *distrés* es literalmente *eustrés*, construido con el prefijo griego *eu*, que significa bueno. Los prefijos *dis* o *des*, por el contrario, tienen una connotación negativa. Las palabras disfuncional o desaprobación se encuentran habitualmente en contextos negativos, y el término euforia indica una sensación de bienestar. Su antónimo, la disforia, es una palabra menos conocida.

Una cantidad adecuada de estrés estimula, aunque su exceso es destructivo. Por eso, el estrés puede convertirse tanto en tu aliado como en tu enemigo. Debido a que puede actuar como fuerza positiva, en ocasiones las personas olvidan que, en dosis elevadas, deja de ser saludable. Una vez hayas alcanzado el punto en que actúa negativamente, debes tomar medidas para reducirlo. En su justa medida, el estrés libera tus reservas latentes de energía creadora, lo que te permite alcanzar un máximo rendimiento: te sientes con energía, confianza, entusiasmo, estás motivado y sientes que controlas la situación.

Rookieconsejo

En cuanto hayas alcanzado el punto en que el estrés actúa negativamente, debes tomar medidas para reducirlo ya que, a pesar de que el estrés puede actuar como fuerza positiva, en ocasiones las personas olvidan que, si se eleva más de la cuenta, deja de ser saludable.

¿Has experimentado niveles inaceptables de estrés en algún momento? Durante períodos cortos de tiempo puede ser soportable, pero si se convierte en una costumbre, debes tomar medidas para paliar lo que puede convertirse en agobio o llevarte a sentirte *quemado*. Llegado a este punto puedes incluso llegar a abandonar del trabajo o tus relaciones, por culpa de ese estrés y la insatisfacción que te crea. Y esto puede producir a su vez cansancio, irritabilidad, depresión y problemas graves de salud.

Algunas personas son más propensas a sufrir estrés que otras, pero las estadísticas muestran que los casos de estrés patológico están aumentando. Según datos aparecidos en prensa, las empresas aseguradoras han experimentado en los últimos tiempos un aumento del 88% del número de reclamaciones por pérdidas de ingresos relacionadas con el estrés. A su máximo nivel, las complicaciones fisiológicas a largo plazo asociadas al estrés pueden llegar a causar la muerte. Pero no te alarmes, si estás leyendo este libro todo está bajo control (o lo estará pronto).

Para vencer el estrés negativo debes gestionar bien el tiempo y adoptar una actitud positiva. Si dejas de ser negativo, tus niveles de estrés dejarán de aumentar. Si tienes síntomas de estrés, necesitas gestionarlo con eficacia y esto está directamente relacionado con la gestión de tu tiempo. Descubrir cuál es tu límite de estrés es lo primero que puedes hacer y, para ello, escribir un diario puede ser una buena idea.

Rookieconsejo

Estate atento a los primeros síntomas del estrés. Averiguar cuál es tu límite te ayudará a identificarlo con rapidez y a gestionarlo de manera eficaz. Llevar un diario puede resultarte una herramienta útil para ello.

¿Un poco de autoanálisis?

A continuación podrás averiguar cuánto estrés tienes en este momento. Responde a este pequeño cuestionario y en los casos en los que respondas sí, puntúa la pregunta con un número entre cero y diez, dependiendo del estrés que consideras que tienes en esa área.

- ¿Alguna vez te han encargado una gran cantidad de trabajo justo una semana antes de irte de vacaciones?............. Sí/No
- ¿Tu empresa se ha visto obligada a despedir personal? .... Sí/No
- ¿Tus compañeros de trabajo se comportan irrazonablemente o se muestran poco comprensivos? .... Sí/No
- ¿Rehúsa tu jefe apoyar tu petición de ascenso? .... Sí/No
- ¿Tienes que trabajar normalmente por las noches y los finas de semana? .... Sí/No
- ¿Te hacen sentir culpable si pides un día libre? .... Sí/No
- ¿Te has perdido algún acontecimiento familiar importante por tu carga de trabajo en los últimos doce meses? .... Sí/No
- ¿En los últimos seis meses has tenido que cancelar alguna visita al teatro/concierto/vacaciones/viaje de fin de semana debido al exceso de trabajo? .... Sí/No
- ¿Sufres insomnio a menudo a causa del trabajo? .... Sí/No
- ¿Notas que te cuesta más tomar decisiones, te falla la memoria o te cuesta concentrarte? .... Sí/No

Si te has sentido identificado con alguna de estas situaciones, ¿qué puntuación has obtenido?

0-40: Estás bien   41-70: Ten cuidado   Más de 71: Peligro

Dependiendo de la puntuación obtenida, tendrás que revisar la organización y la planificación, al igual que hicieras en la gestión del tiempo. Anota en un diario cómo te sientes cada día y analiza los resultados (anota si te sientes feliz/infeliz, inquieto, si estás controlando la situación o es la situación quién te controla a ti, si te sientes ansioso, frustrado, seguro de ti mismo/nervioso). Si te describes feliz y al mando de la situación, analiza qué estás haciendo para que eso sea así. ¿Qué factores te influyen? ¿Estás trabajando solo o con más personas?

Si te describes en una situación de agobio, entonces es vital que identifiques el problema. Las claves que te proporcionaremos a continuación te ayudarán a averiguar qué es lo que te estresa. También si corres el riesgo de entrar en un círculo vicioso en el que crees que cuanto más trabajas más cerca estás del éxito. Algo que como vimos cuando hablábamos sobre la correcta gestión del tiempo no es la solución: si pasas cada vez más horas en el trabajo, tu rendimiento disminuirá y con ello tus resultados y así aumentará tu frustración y tu nivel de estrés. Si alguna de las situaciones descritas más arriba es habitual en ti, debes intentar cambiar tu forma de trabajar para evitar que te siga ocurriendo.

Los efectos del estrés

Rookieconsejo

El estrés es un estado en el que sientes que has perdido el control sobre las cosas. Va acompañado de la sensación abrumadora de que, hagas lo que hagas, no podrás hacer nada para cambiarlo.

El cerebro se sirve del estrés para afrontar las emergencias. En momentos de crisis, las personas experimentan una descarga de adrenalina que las prepara para la lucha o la huida. Ésta, es una importante fuente de energía que la naturaleza ha puesto a disposición del ser humano para garantizar su supervivencia.

Hoy en día, y cada vez más, en el mundo laboral se exige una mayor productividad. Esto, unido a los avances tecnológicos, que permiten que las cosas *sucedan más deprisa*, está produciendo una *depresión digital*. Cada vez, son más los empleados que están permanentemente pendientes del teléfono, el correo electrónico o los mensajes de texto, porque se espera de ellos una respuesta inmediata. El estrés es un estado en el que sientes que has perdido el control sobre las cosas. Va acompañado de la sensación abrumadora de que, hagas lo que hagas, no podrás hacer nada para cambiarlo (Principio de Indefensión Aprendida).

En un estudio reciente llevado a cabo con empleados, se descubrió que uno de cada tres atribuía el aumento del estrés a la tecnología. Esta patología ha sido diagnosticada como *darwinismo digital*, y describe la ansiedad causada por la creencia de que estamos asistiendo a un proceso evolutivo en el que sólo aquellas personas con mayores habilidades tecnológicas podrán alcanzar el éxito social y profesional.

Algunas fuentes habituales de estrés

Tanto los estímulos negativos como los positivos pueden, en algún momento, llegar a ser fuentes de estrés. Éstas son algunas categorías y ejemplos de estímulos estresores:

- Sensoriales: dolor, luz intensa, ruidos molestos…
- Acontecimientos vitales: nacimientos, muerte de un ser cercano, matrimonio y divorcio…
- Responsabilidades: falta de dinero o de trabajo…
- Enfermedad: depresión, trastorno obsesivo compulsivo, cáncer…

- Trabajo/estudios: ascensos, exámenes, plazos de entrega de proyectos, proyectos en grupo…

¿Pero por qué es tan importante que seamos capaces de identificar el estrés en el trabajo? Muy sencillo: el número de bajas por estrés supera con creces a las generadas por el resfriado común. El estrés comienza como un zumbido que te mantiene en funcionamiento y te permite actuar con eficacia, ese impulso de energía nerviosa que te permite rendir. En su mejor faceta, es sinónimo de presión. En la peor, de sobrecarga o *quemazón*.

Rookieconsejo

Adaptarte al estrés es fundamental si quieres superarlo. Si no puedes manejarlo, te agobiará y te producirá ansiedad y depresión. Si lo sufres durante períodos prolongados de tiempo, el estrés negativo puede desembocar en enfermedades.

La Seguridad Social británica (HSE) define el estrés como «la reacción de las personas al exceso de presión o a otros tipos de exigencias». El estrés surge cuando las exigencias son demasiado altas o no se cumplen las expectativas. La HSE advierte de que el estrés es la segunda causa de enfermedades relacionadas con el trabajo en el Reino Unido y considera que es un problema que debe ser abordado con urgencia. Según sus estadísticas, se calcula que 150.000 trabajadores han faltado, al menos un mes, al trabajo a causa de enfermedades relacionadas con el estrés.

Adaptarte al estrés es fundamental si quieres superarlo. Debes manejarlo adecuadamente para evitar que te agobie y te produzca ansiedad y depresión. Si no quieres acabar siendo parte de las estadísticas, ya has dado un importante primer paso leyendo este libro. Como ya te hemos dicho vas a aprender a manejar eficazmente el estrés en el trabajo para gestionar bien el tiempo.

Cuando los niveles de estrés se convierten en negativos, las personas experimentan algunos de los siguientes síntomas:

- Dolor de cabeza, indigestión, dolor muscular…
- Trastornos de sueño y fatiga…
- Alteraciones del apetito, aumento del consumo de alcohol y tabaco…
- Pérdida de concentración, carácter agrio, pérdida de autoestima…

Según el *British Medical Journal,* el estrés crónico aumenta el riesgo de enfermedad cardíaca y depresión. El estrés también puede debilitar el sistema inmunológico y hacerte menos resistente a la enfermedad. El estrés afecta a las personas cuando se les exige demasiado o cuando no se cumplen sus expectativas. La mayoría de los síntomas de estrés individual y grupal suelen esconderse bajo la superficie (lo que a menudo se conoce como síndrome del iceberg). Los demás no perciben nuestro estrés hasta que no aparecen síntomas como la irritabilidad o el dolor de cabeza.

Si eres capaz de reducir la dosis de estrés que sufres en el trabajo, conseguirás:

- Reducir la probabilidad de caer enfermo o faltar al trabajo.
- Mejorar tu rendimiento.
- Disfrutar de una mejor relación con tus compañeros y clientes.

El estrés en el puesto de trabajo

Dentro de una organización, el estrés se deja ver en:

- El aumento de las bajas por enfermedad.
- La elevada rotación del personal.
- El trabajo deficiente en equipo y en grupos (por ejemplo, conflictos de roles, problemas interpersonales...).
- La mala relación con compañeros y clientes.
- La presencia de dolor de espalda, lesiones por movimientos repetitivos/trastornos de las extremidades superiores...
- Acoso, bajo rendimiento...

El estrés laboral rara vez se manifiesta mediante un solo síntoma. Al igual que la gestión del tiempo, es una cuestión compleja que afecta a diferentes áreas. Si utilizamos de nuevo la analogía del iceberg, la mayor parte de los problemas se esconden bajo la superficie. Lo mismo ocurre con el estrés laboral.

Rookieconsejo

El estrés laboral, al igual que la gestión del tiempo, es una cuestión compleja que afecta a diferentes áreas y rara vez se manifiesta mediante un solo síntoma.

La mejor forma de abordar los riesgos que entraña el estrés, para la salud de los empleados y la organización, es encontrar las causas que se esconden bajo la superficie. Cada una de ellas se desarrolla de forma diferente y con distinta velocidad en cada persona, manifestándose en forma de uno o varios síntomas.

Aunque eliminar el estrés de toda una organización no siempre es posible, sí se puede reducir drásticamente en sus individuos (hasta, en algunos casos, incluso eliminarlo). Si tienes claros tus objetivos y cuentas con buenas estrategias para llevarlos a cabo, puedes reducir los riesgos del estrés espectacularmente. Normalmente, la solución más efectiva es combinar esfuerzos de distinta índole.

El estrés individual frente al estrés organizacional

El estrés laboral es un problema que incumbe a todo el mundo en el trabajo por sus implicaciones para la salud y la seguridad. Si eres capaz de manejar las situaciones que generan factores de estrés, producirás un beneficio para tu empresa y todos tus compañeros. Quizá sufras un tipo de estrés endémico en la organización o tal vez padezcas estrés de manera individual. Los dos tipos son graves, pero su tratamiento es diferente (por eso, si tu caso es de estrés organizacional te recomendamos que busques otros libros).

Si crees que padeces estrés laboral, una de las cosas más importantes que debes hacer es compartir con los demás lo que está sucediendo, por medio de una o más de las siguientes herramientas:

- Entabla un diálogo para dar a conocer a los demás los riesgos del estrés.
- Haz sugerencias positivas.
- Identifica algún departamento que pueda tener problemas en particular (por ejemplo, el departamento de atención al cliente si tiene que tratar con clientes difíciles).
- Anima a la empresa a realizar su propio autodiagnóstico del estrés.
- Explica los beneficios para la salud y la seguridad, y la responsabilidad de la empresa a este respecto.

A la hora de manejar el estrés individual, es crucial identificar el problema. Sin embargo, a veces las personas no admiten fácilmente que están bajo presión. Les preocupa que se considere que son débiles si no son capaces de sobrellevar el estrés. Si estás estresado, puede que acabes perdiendo la perspectiva y la concentración. También corres el riesgo de sufrir problemas de salud. Debes actuar de inmediato. Si no, quedarás atrapado en un círculo vicioso donde cada vez trabajarás más sin obtener el éxito deseado.

Algunas personas no saben como enfrentarse al problema, así que no hacen nada, simplemente soportan las situaciones desagradables con la esperanza de que finalmente desaparezcan. Pero los síntomas del estrés no mejoran por sí solos.

Rookieconsejo

Al estresarte corres el riesgo de sufrir problemas de salud y, en el trabajo, puede que acabes perdiendo la perspectiva y la concentración, por lo tanto, es importante que actúes con rapidez ya que de lo contrario entrarás en un círculo vicioso donde trabajarás mucho sin obtener apenas resultados.

Trabajar más no es la solución. No te ayudará. Todo te llevará más tiempo y conseguirás alcanzar menos objetivos. Además, tus niveles de estrés y frustración aumentarán drásticamente. Si alguien de tu trabajo muestra alguno de los siguientes síntomas, anímale a buscar ayuda.

Síntomas del estrés que no debes pasar por alto

- Dolor de cabeza recurrente.
- Pitidos en los oídos o frecuentes ruidos en la cabeza.
- Automedicación habitual.
- Palpitaciones y dolor de pecho.
- Acidez de estómago, calambres abdominales, diarrea.
- Sensación de posible pérdida de conocimiento.
- Contagio de las enfermedades presentes en el lugar de trabajo.
- Pérdida de concentración.
- Pérdida de memoria.
- Dificultad para buscar una solución a los problemas.
- Imposibilidad de tomar decisiones satisfactorias.
- Sensación de desánimo y torpeza.
- Bloqueo de todas las emociones, salvo el enfado y la irritación.
- Pérdida del sentido del humor.
- Disminución de la capacidad de amar y entregarse.
- Aparición frecuente de llanto o ira sin motivos aparentes.

Sobrellevar el estrés

Durante décadas, el dolor de espalda fue la mayor causa de absentismo laboral. En el Reino Unido, el estrés deja actualmente hasta un millón de personas en casa en un día normal. La baja por enfermedad, ya sea por un plazo largo o corto de tiempo, puede enmascarar otras preocupaciones además del estrés, como un mal ambiente laboral, una situación de acoso u otros problemas de salud. Si estás preocupado por algún compañero que sufre estrés, es fundamental que averigües las causas. Puede que se trate de algo más que una mala gestión del tiempo.

Si crees que eres tú el que tiene un problema, para solucionarlo empieza por identificar tus síntomas y traza un plan de acción. Hay muchas maneras de reducir los niveles de estrés. La primera, por supuesto, es aprender a controlar el tiempo.

Rookieconsejo

Una de las estrategias más simples para aprender a combatir el estrés es controlar lo que está en tu mano e ignorar lo que no.

Si estás desbordado de trabajo, siéntate un momento y plantéate cuáles son las dos cosas más importantes que tienes que hacer hoy. ¿Qué pasaría si no hicieras ninguna de ellas? ¿Cuáles serían las consecuencias? ¿Importaría? ¿Las haría otra persona?

Una de las estrategias más simples para aprender a combatir el estrés es controlar lo que está en tu mano e ignorar lo que no. Adopta la frase «Voy a hacer todo lo que esté en mi mano y a olvidar lo que no» como inspiración para tus jornadas laborales. Nadie espera que seas perfecto. Cuando cometas un fallo, utilízalo como una oportunidad para aprender.

Rookieherramientas

En este capítulo se ha explicado cómo afecta el estrés a las personas y qué impacto tiene en la gestión del tiempo. Si estás prestando atención a los síntomas del estrés y crees que sufres una sobrecarga de trabajo, toma medidas para combatirlo. Aquí te damos diez consejos:

- Presta atención a los problemas de salud/los síntomas de estrés.
- Define situaciones que te hayan generado estrés positivo y negativo.
- Comprueba tu nivel de estrés individual y desarrolla mecanismos para combatirlo.
- Utiliza el sentido común.
- Cuida tu cuerpo.
- Controla tu mente.
- Presta atención al equilibrio entre tu vida profesional y personal.
- Sé asertivo cuando sea necesario y toma el control de las situaciones.
- Tómate un descanso, interrumpe tu actividad unos minutos.
- Acumula reservas para las situaciones de crisis.

Ahora que ya sabes un poco más sobre la teoría de la gestión del tiempo y cómo reconocer el estrés, estás preparado para pasar a aspectos más prácticos de ambos temas.

Rookie en acción: el estrés es positivo hasta cierto punto de tolerancia y puede convertirse en el motor para motivarte y cumplir con tus objetivos. Sin embargo, cuando sobrepasa la frontera de lo razonable puede producir una disminución del rendimiento, depresión, enfermedad y absentismo laboral. Si quieres controlar o reducir el estrés, debes aprender a gestionarlo tú mismo. La parte positiva es que no es tan difícil como parece: gestionar eficazmente el estrés se reduce, básicamente, a cambiar las cosas que puedes cambiar y no preocuparte por las que no están en tu mano. A medida que aprendas a gestionar tu tiempo eficazmente, comprobarás que eres menos propenso a padecer estrés.

El estrés se puede controlar aplicando el sentido común o el Principio de Pareto (la Regla de 80/20). Puedes combatir el estrés si te cuidas, es decir, si comes y duermes lo suficiente y haces ejercicio con regularidad. También puedes reducir el estrés haciendo todo lo posible por relajarte. Mientras tanto, no te preocupes: piensa sobre algo tranquilo y agradable. ¿Te sientes un poco mejor?

Cosas que voy a hacer...

Cosas que necesito que otros hagan por mí...

Para gestionar adecuadamente el tiempo y el estrés, te será útil saber qué tipo de persona eres. Reflexiona sobre lo que haces y a qué dedicas tu tiempo en el trabajo. Así tendrás una idea más clara de la tarea que tienes por delante si deseas gestionar mejor tu tiempo. En este capítulo aprenderás a identificar qué cuestiones te agobian y a comprender cómo la desorganización influye negativamente en tu eficacia y productividad. En él, también encontrarás algunos ejercicios de autoconocimiento para que sepas cómo acceder a tus puntos fuertes. De ahí, pasaremos a proponer el tipo de plan de acción que puedes poner en marcha, desde ya, para comenzar a gestionar mejor el tiempo y el estrés.

CAPÍTULO 3

Identifica tu estilo personal

¿Agobiado y desorganizado?

Si deseas gestionar mejor el tiempo y controlar tus niveles de estrés, es importante que sepas cómo eres, cómo trabajas, qué tareas te resultan fáciles y cuáles se te hacen cuesta arriba. Cuando planificas tu día (porque lo planificas, ¿verdad?), ¿eliges empezar por las tareas rutinarias? ¿O prefieres comenzar con las más difíciles o desagradables para quitártelas de encima?

Quizás seas una persona creativa y te guste hacer las cosas con imaginación. ¿O te dejas llevar por la corriente y adaptas tu rendimiento a lo que ocurre a tu alrededor? Es decir, ¿estás en calma cuando el entorno está en calma y tienes energía cuando la gente a tu alrededor trabaja a todo trapo?

Rookieconsejo

Conocerte bien es fundamental para controlar tus niveles de estrés: cómo eres, cómo trabajas, qué tareas te resultan fáciles y cuáles no. Además ser consciente de ello te ayudará a gestionar mejor tu tiempo.

Hay muchas otras preguntas que deberías formularte: ¿te cuesta concentrarte en lo que estás haciendo? ¿Te distraes fácilmente? ¿Te dejas absorber por una tarea y no te das cuenta de que hace tiempo que pasó la hora de comer? ¿Eres un fanático de las listas de tareas? ¿O no soportas anotar las cosas en un papel para acordarte de qué es lo siguiente que tienes que hacer? ¿Sabes en qué momentos del día rindes más? ¿Utilizas esos momentos para llevar a cabo las tareas que más te exigen?

Está bien que quieras aprender a gestionar mejor el tiempo y el estrés, pero te será mucho más fácil si identificas claramente cómo distribuyes tu tiempo y qué cosas te estresan. Sorprendentemente, la mayoría de las personas no tiene una imagen clara de a qué dedica su tiempo. Es posible que creas que sabes cuánto tiempo dedicas a cada tarea, pero si lo detallas por escrito, probablemente, te darás cuenta de la inexactitud de tus impresiones. Pero primero dediquemos un poco de tiempo a evaluarte.

Un poco de autoevaluación

Para mejorar una cosa, primero es necesario identificar su estado actual. Esto te proporciona un punto de partida a partir del que medir el progreso. También es una manera de averiguar qué necesitas cambiar o adaptar. Así que empieza por contestar estas preguntas.

- Lo primero que hago todos los días es una lista de tareas .... Sí/No
- Fijo un espacio de tiempo cada día para cada tarea específica (contestar correos/hacer copias de seguridad del ordenador...) .... Sí/No
- Cada tres meses reviso mis metas/objetivos .... Sí/No
- Rara vez trabajo hasta tarde o los fines de semana .... Sí/No
- Delego siempre que puedo .... Sí/No
- Tengo buenos hábitos telefónicos (audible/conciso/sin demora) .... Sí/No
- No me cuesta evitar las interrupciones .... Sí/No
- He aprendido a decir *no* .... Sí/No
- Generalmente termino todas las tareas de mi lista .... Sí/No
- Cuando trato con personas, generalmente obtengo el resultado que quiero .... Sí/No

Si has contestado sí a la mayoría de las preguntas, seguramente estés familiarizado con los hábitos y las habilidades de gestión del tiempo. Si has respondido varias veces no, continúa leyendo.

Cuando descubras tus puntos fuertes y debilidades, podrás emplear estrategias que te ayuden a superar tus puntos débiles y empezar a hacer las cosas bien. Si utilizas tu energía natural, lograrás las cosas más rápido, de forma que dejes las tareas más complejas para las horas en las que mejor rindes.

Rookieconsejo

Deja siempre las horas en las que mejor rindes para realizar las tareas más complejas.

Todos somos diferentes, pero existen ciertos caracteres tipo que te pueden dar una idea de cómo abordamos la gestión del tiempo. Algunas personas funcionan bien hasta altas horas de la noche, pero tienen problemas para empezar pronto por las mañana. A otros, en cambio, no les cuesta nada llegar a su despacho y ponerse a trabajar a las seis de la mañana, porque se levantan *sin despertador* y llenos de energía.

¿Te asemejas más al tipo de persona que deja todo para última hora? Si es así, verás que trabajas mejor cuando te apremia el tiempo. Alcanzas tu capacidad óptima cuando estás bajo presión. Si sólo dispones de un par de horas para hacer algo, tu cerebro se las arregla para trabajar concienzudamente. Pero si sólo finalizas las tareas cuando tienes un límite de tiempo, tendrás que imponerte tus propios plazos; porque corres el riesgo de no terminar nada.

¿Cómo crees que eres?

Aquí tienes otro ejercicio de preguntas y respuestas, basado a grandes rasgos en los roles de equipo de Belbin sobre los que trabajaron hace unos años Meredith Belbin y su equipo de investigación del Henley Management College. Belbin y sus colegas descubrieron diferentes patrones de comportamiento, a partir de unas pruebas psicométricas.

Señala la respuesta que describe mejor tu actitud o comportamiento:

Suelo:

- ☐ Trabajar hasta que termino una tarea, independientemente de la hora que sea.
- ☐ No preocuparme por los plazos.
- ☐ Trabajar con alguien/buscar ayuda para terminar.
- ☐ Hacer lo que quiero, pero consigo terminar el trabajo.

A veces me altero si otras personas trabajan más despacio que yo

- ☐ Sí.
- ☐ No.

Mi mejor contribución a un equipo de trabajo es que:

- ☐ Doy muestras de una gran paciencia.
- ☐ Presiono a los otros hasta su límite.
- ☐ Dejo que los demás establezcan las prioridades.
- ☐ Colaboro con los demás para fijar conjuntamente nuestras metas.

Suelo ayudar a los demás con su trabajo:

- ☐ Sí.
- ☐ No.

Cuando alguien viene a verme mientras estoy trabajando:

- ☐ Suelo charlar con esa persona.
- ☐ Dejo que resuelva sus propios problemas.
- ☐ Paso mucho tiempo escuchándole.
- ☐ Me impaciento.

Constantemente compruebo cómo avanzan los demás con su trabajo:

- ☐ Sí.
- ☐ No.

Cuando alguien delega en mí una tarea, prefiero:

- ☐ Que me den toda la responsabilidad.
- ☐ Fijar plazos cercanos.
- ☐ Planificar hacer el trabajo con otras personas.
- ☐ Tener paciencia.

Prefiero que otra persona esté al cargo:

- ☐ Sí.
- ☐ No.

Evito perder el tiempo:
- ☐ Haciendo las cosas lo más rápido posible.
- ☐ Preocupándome por los demás.
- ☐ Dejando en paz a los demás.
- ☐ Recompensando a los demás por su ayuda/trabajo en equipo.

Siempre llego pronto a las reuniones:
- ☐ Sí.
- ☐ No.

Aliento a mis amigos/colaboradores:
- ☐ Mostrándome amable con ellos.
- ☐ Imponiendo plazos estrictos.
- ☐ Trabajando con ellos como un equipo.
- ☐ Evitando el conflicto.

La amistad es más importante que los plazos:
- ☐ Sí.
- ☐ No.

Cuando mis tareas se retrasan por culpa de otras personas:
- ☐ Me estreso mucho.
- ☐ Me preocupo por los otros.
- ☐ Siento que es culpa de otro.
- ☐ Siento que tenemos que resolver el problema juntos.

Planifico mis tareas con mucha antelación:
- ☐ Sí.
- ☐ No.

Confiero valor añadido a mi trabajo:
- ☐ Creando redes con otras personas.
- ☐ Fomentando una atmósfera agradable.
- ☐ Trabajando en equipo.
- ☐ Exigiendo lo máximo de mi equipo/mis colaboradores.

Siempre doy las gracias cuando me ayudan:
- ☐ Sí.
- ☐ No.

En este ejercicio no es importante la puntuación que obtengas. Lo importante es que averigües si interactúas bien con las personas o si estás más orientado a las tareas, porque esto influirá en tu forma de gestionar el tiempo. ¿Qué prefieres, avanzar en tu trabajo o charlar con tus compañeros?

Rookieconsejo

La manera en la que te relaciones con los demás y cómo te enfrentas a las tareas influirá en tu forma de gestionar el tiempo así que debes ser consciente de tus capacidades.

Belbin define tres roles *de acción*:

- El *impulsor* es dinámico y se siente bien cuando tiene retos ante sí y está sometido a presión.
- El *implementador* es disciplinado y responsable, capaz de poner las ideas en práctica.
- El *finalizador* es concienzudo y meticuloso, y tiende a preocuparse. Le cuesta delegar, pero siempre hace las cosas dentro del plazo.

También define tres roles *sociales*:

- El *coordinador* tiene confianza en sí mismo y emana autoridad, aclara los objetivos y toma decisiones.
- El *cohesionador* se muestra dispuesto a colaborar, es diplomático y evita la confrontación.
- El *investigador de recursos* es extrovertido y buen comunicador, y busca oportunidades y contactos.

Por último están los roles *mentales*:

- El *cerebro* es creativo e imaginativo, y resuelve los problemas complejos, pero pasa por alto los detalles y tiene una comunicación pobre.
- El *monitor evaluador* es un estratega, tiene criterio y considera todas las opciones, pero carece de iniciativa y capacidad para inspirar a otros.

- El *especialista* sólo se interesa por una cosa en cada momento y tiene habilidades poco comunes, contribuye sólo cuando se trata de un tema que conoce bien.

¿Ya tienes una idea de qué tipo describe mejor tu forma de trabajar? ¿Reconoces a alguno de tus amigos o compañeros en este grupo? ¿Tienes idea de qué personalidades de los tres grupos gestionan bien su tiempo y cuáles no? También es posible que algunas de ellas sean más propensas a sufrir estrés que otras.

¿Te has dado cuenta, entre todas estas personalidades, de cuál es el ejemplo perfecto de buen gestor del tiempo? Naturalmente es el finalizador. Pero probablemente éste tenga dificultades en mantener su estrés a raya. ¿Significa esto que no se pueden hacer bien las dos cosas a la vez? Esto lo averiguarás más adelante.

Lleva un registro de tus actividades

Si estás dispuesto a revisar tu forma de gestionar el tiempo, la mejor forma de hacerlo, y la más exacta, es llevar un registro de tus actividades. No necesitas más de diez minutos al día y aproximadamente otros veinte al final de la semana, para analizar los resultados. Algunos profesionales lo hacen automáticamente (los abogados, contables, ingenieros, consultores...) para evaluar rápidamente en qué proyectos o con qué clientes han invertido su tiempo. Utilizan este método por motivos prácticos, imagina qué dolor de cabeza les produciría calcular el tiempo que han dedicado a cada proyecto para saber cuánto facturar a cada cliente (si no ves la utilidad a esto, imagina que tu tarifa es, digamos, 800 euros la hora. En estas circunstancias, ¿no sería interesante saber cuánto has ganado cada día?). Una de las ventajas de llevar un registro será que te proporciona información sobre si tu plan de acción para gestionar el tiempo está dando resultado.

Tienes que dividir tu tiempo en bloques representativos de tiempo: intervalos de 5, 15 o 30 minutos, por ejemplo. Sea cual sea el método que utilices para registrar tu tiempo, procura hacerlo en el momento. Al cabo de unas horas es muy difícil acordarse con precisión, sobre todo si has tenido un día muy ajetreado.

Rookieconsejo

Según va avanzando la jornada, sobre todo si es ajetreada, será difícil que recuerdes de forma precisa tu planificación. Por eso es importante que, sea cual sea el método que utilices, procures establecer tu plan a primera hora y mantenerlo.

Al final del día deberías realizar un análisis sencillo de las actividades que has llevado a cabo. Hazlo utilizando estos cuatro encabezamientos: Prioridades, Delegación, *Ladrones de tiempo* y Operaciones/Procesos (este último apartado puede incluir también las actividades relacionadas con la gestión del tiempo, si lo consideras oportuno).

Prioridades

Se trata de las actividades realmente prioritarias para ese período de trabajo. Aquí debes incluir solamente las tareas que contribuyen significativamente a tus objetivos. Sé objetivo e identifica solamente las verdaderas prioridades. Por definición, éstas son, generalmente, la minoría, y no la mayoría, de tus tareas.

Delegación

Aquí se hace referencia a las tareas que podrías o deberías haber asignado a otras personas. Entre ellas puede haber también actividades prioritarias, si fuera el caso. Puede que identifiques tareas prioritarias de las que podrías haber delegado una parte, aunque del resto te hubieras encargado tú personalmente.

Ladrones de tiempo

Anota aquí todas las cosas que te hayan distraído de tus objetivos principales. Aquí se encuentran las interrupciones, así como todas aquellas actividades que te tendrías que haber negado a hacer (previa reflexión). Los *ladrones de tiempo* son, a menudo, perjudiciales y cuando sumas el tiempo que te han quitado descubres, con frecuencia, que representan una parte importante de tu jornada laboral. Una vez más, debes ser disciplinado cuando identifiques a los *ladrones de tiempo.* Son un elemento esencial si quieres tener control sobre la planificación de tu jornada.

Operaciones/Procesos

Ésta es, con diferencia, la categoría más difícil de clasificar. No todo el mundo tiene un trabajo que incluya claramente estas áreas, pero es importante que intentes identificar este tipo de tareas. Utiliza una O para las tareas operativas, y una P para los procesos y sistemas. Las operaciones se refieren a la parte técnica o profesional de tu trabajo, así como al trabajo rutinario, del cual se podría delegar una gran parte. Las tareas relacionadas con los procesos hacen referencia al trabajo realizado por otras personas, e incluyen actividades como la planificación, la delegación de trabajo y la revisión de resultados.

¿Cuál es la radiografía de tu día?

El análisis de tu registro de actividades te proporcionará mucha información. Quizá indique que debes anotar algunas actividades con más detalle. Si, por ejemplo, te has dado cuenta de que has dedicado una gran parte del día a enviar correos electrónicos, la mayoría de los cuales no eran imprescindibles, deberías desglosar esta actividad. ¿Qué parte podría considerarse una pérdida de tiempo y cuál se podría aplicar a la categoría O/P? Anota si fuiste tú quien inició la correspondencia o si estabas respondiendo a los correos que te habían llegado, así como quién era tu interlocutor y cuánto tiempo del que dedicaste fue realmente productivo.

Una vez estés satisfecho con la clasificación de las actividades del día, suma las fracciones de tiempo que has dedicado a cada una de ellas y divídelo por el total de fracciones del día. Este cálculo te dará dos informaciones importantes. En primer lugar, ¿estás dedicando el tiempo suficiente a las áreas que son esenciales para que alcances tus objetivos? Y en segundo lugar, ¿en qué áreas que no son esenciales estás invirtiendo demasiado tiempo?

El resultado de llevar un registro durante una semana puede ser bastante esclarecedor. Probablemente, te darás cuenta de que estás dedicando poco tiempo a tus auténticas prioridades.

También, es posible que descubras que podrías delegar muchas de las actividades que estás llevando a cabo. No te sorprendas si tu registro de actividades revela que una parte importante de tu jornada laboral se ha esfumado, consumida por las distracciones y las interrupciones.

Rookieconsejo

Las distracciones e interrupciones continuas menguarán de forma alarmante tu jornada laboral. ¡Evítalas si no quieres que tu tiempo y tu rendimiento se esfumen!

Ahora que has realizado este ejercicio, recapitulemos. Más adelante encontrarás la diferencia entre una tarea urgente y una tarea importante (al igual que aprendiste la diferencia entre ser eficiente y eficaz). También descubrirás cómo sacar provecho del Principio de Pareto y la Ley de Parkinson (que establece que la percepción de la importancia y la complejidad de una tarea es directamente proporcional al tiempo disponible para llevarla a cabo) y por qué en la gestión del tiempo y del estrés hay tantas palabras que comienzan por D.

En resumen

Has dedicado algún tiempo a averiguar qué tipo de persona eres y en qué empleas tu tiempo. Antes de pasar a las aplicaciones prácticas, dedica unos momentos a pensar qué te gustaría cambiar. Suele ser buena idea tener un objetivo en mente. ¿Qué aspectos de una buena gestión del tiempo y del estrés cambiarían tu vida para siempre?

Fíjate un reto: define exactamente cómo sería tu día ideal en el trabajo. ¿Cuánto tiempo dedicarías a cada tarea? Puedes multiplicar esto por una semana o un mes, como prefieras. Añade a tu lista los acontecimientos y/o personas que no van a seguir aumentando tus niveles de estrés. Señala cuánto tiempo vas a dedicar a determinadas tareas, y determina cómo puedes cambiar tu comportamiento para eliminar el estrés o emplear mejor el tiempo. Puede que tengas que cambiar tu comportamiento con alguna persona, para evitar que te altere demasiado. Si tu jefe te encarga una tarea urgente todos los viernes a las cinco de la tarde, ve a verle antes ese día y pregúntale si tienes que hacer algo antes de que acabe la jornada, ya que tienes que terminar otra tarea urgente y no quieres defraudarle. Puede que un cambio de táctica sea todo lo que necesites para conseguir que mejore su comportamiento y tu nivel de estrés.

Sé realista respecto a tus objetivos: nunca conseguirás ser perfecto, pero sí gestionar mejor tu tiempo y tus niveles de estrés, y tener mayor control sobre ellos. Si sabes que se avecina un gran proyecto y probablemente lo pospongas porque aborreces comenzar actividades complicadas, intenta darle un enfoque diferente. Quizá puedas sugerir a tu jefe, que te permita trabajar en ese proyecto desde casa. Puede que acceda si se da cuenta de que tu rendimiento aumenta cuando trabajas en calma y sin interrupciones, sobre todo si desea poner en marcha el proyecto cuanto antes y en las mejores condiciones posibles. Hace falta un poco de coraje, pero merece la pena intentarlo; y, si nunca lo pides, nunca sabrás la respuesta.

Rookieconsejo

Márcate objetivos realistas. Es probable que nunca consigas ser perfecto, pero sí gestionar tu tiempo y tus niveles de estrés de manera adecuada.

Rookieherramientas

Ahora que ya sabes un poco más sobre ti mismo y tu estilo de trabajo, estás preparado para adentrarte en las reglas básicas de la gestión del tiempo. Algunos de los aspectos que hemos tratado en este capítulo son esenciales para comenzar a controlar el tiempo y revisar los niveles de estrés.

- Descubre qué tipo de persona eres. ¿Cuál es tu relación con las personas y las tareas? ¿Estás muy enfocado a las actividades o a las personas y las relaciones?
- Cuando planificas tu jornada, ¿comienzas por las tareas rutinarias? ¿Escoges algo con lo que sabes que vas a disfrutar? ¿O intentas quitarte de encima las tareas más difíciles y desagradables cuanto antes?
- ¿Sabes si eres creativo? ¿O prefieres dejarte llevar por la corriente de la rutina?
- ¿Te cuesta concentrarte en lo que tienes entre manos? ¿Te distraes fácilmente con otras personas o circunstancias?
- Puede que no te cueste trabajar hasta tarde si tienes que terminar una tarea. ¿O te levantas fácilmente por las mañanas rebosante de energía?
- ¿Haces una lista de tareas todos los días? Si es así, ¿qué tipo de tareas dejas pendiente de hacer al final del día?
- ¿Eres consciente de cuáles son tus horas más productivas, aquellas en las que tu mente funciona mejor? ¿Intentas hacer en ese tiempo las tareas que más te exigen?

Rookie en acción: trabaja con tus puntos fuertes y no contra ellos. Si los ignoras, estarás desperdiciando un activo muy valioso.
Es importante que gestiones bien el tiempo, de forma que te beneficie como individuo. La alternativa es, en el peor de los casos, ir tirando, con presión y frustración, para lograr el mismo resultado (o un resultado peor) que el que deseas conseguir. El objetivo de los ejercicios de este capítulo ha sido identificar tus puntos fuertes para que sepas utilizarlos cuando gestiones el tiempo e intentes reducir el estrés. Si no sabes lo que eres capaz de hacer de forma natural, y con facilidad, estás permitiendo que las circunstancias (u otras personas) controlen tu vida. Y esto, a menudo, tiene un efecto adverso.

Cosas que voy a hacer...

Cosas que necesito que otros hagan por mí...

Ahora es cuando empieza realmente el trabajo. En este capítulo aprenderás los primeros pasos para desarrollar una estrategia personal eficaz que te permita gestionar tu tiempo y controlar tu nivel de estrés. Aprenderás algunas nociones fundamentales sobre prioridades y categorías. Ahora que ya has aprendido sobre ti mismo, puedes dedicar tiempo a analizar qué tipo de trabajo haces. ¿Conoces la importancia de cada tarea? La eficacia personal engloba tanto la gestión del tiempo como el control del estrés. Es posible ser un buen gestor del tiempo y no padecer estrés, y la lección empieza aquí.

CAPÍTULO 4

Primeros pasos en la gestión del tiempo y del estrés

Lo primero es lo primero

La regla de oro a la hora de abordar la gestión del tiempo es tener la capacidad de establecer prioridades. Si no lo haces, no podrás gestionar tu tiempo o tu nivel de estrés. ¿Por qué? Sencillamente porque no sabrás cuándo una tarea es urgente o importante (o posiblemente ambas cosas). Si no sabes esto, no sabrás en qué orden abordarlas. Así que vamos a empezar por una cosa que vas a poder poner en práctica ahora mismo.

¿Estás familiarizado con la tabla de urgencia/importancia? Es fundamental que la utilices si quieres clasificar las actividades que realizas. Te ayudará en el futuro a aprovechar al máximo el tiempo que dedicas a cada tipo de tarea.

Muchas personas descubren que dedican la mayor parte de su tiempo a cosas urgentes, pero no especialmente importantes. Uno de los mayores peligros de la gestión del tiempo es confundir la urgencia con la importancia cuando se establecen prioridades. Hay un gran número de factores que pueden hacer que una actividad sea más o menos importante, pero el tiempo no es uno de ellos. Una tarea que no es importante, no lo será nunca aunque dispongas de un plazo extremadamente ajustado para realizarla.

Rookieconsejo

Confundir lo urgente con importante, en el momento de establecer las prioridades, es uno de los mayores peligros de la gestión del tiempo.

Realiza una tabla como la siguiente:

	IMPORTANTE	NO IMPORTANTE
URGENTE		
NO URGENTE		

Decide qué actividades deberías insertar en cada zona. Tómalas de tu registro de actividades y anota el porcentaje de tu tiempo que destinas a cada una de ellas, si es que quieres llegar a ese nivel de precisión.

Zona 1

Estas tareas son importantes y urgentes, al mismo tiempo, y son tu prioridad número uno. Debido a su urgencia, corres el riesgo de no planificarlas adecuadamente, y puede que la presión te obligue a gestionarlas como una situación de crisis.

Cualquier trabajo que sea urgente e importante requiere atención inmediata. Es posible que te veas obligado a despejar tu agenda para cumplir un plazo y pedir ayuda a tus compañeros, concentrándote en los aspectos que debes controlar tú y delega otras partes a otros empleados. Dada la importancia de la tarea, debes asegurarte de que le dedicas el tiempo suficiente para hacerla bien.

Zona 2

Las tareas de esta categoría son importantes, pero no urgentes. Esto quiere decir que, probablemente, no tengas un plazo específico para realizarlas o, si lo hay, éste sea bastante lejano en el tiempo. El peligro aquí, radica en que si no tienes un plazo, puede que nunca te pongas con ellas. Por otra parte, es posible que las retrases hasta que se avecine el plazo y entonces tengas que realizarlas deprisa y corriendo.

Las actividades que son importantes pero no urgentes, a menudo desaparecen del mapa. Algunas tienen una importancia vital, pero se aparcan debido a que el plazo es amplio (planificación estratégica, análisis del progreso) y son complejas. Para tener bajo control estas tareas, dedícales un tiempo específico en tu planificación y hazlas poco a poco.

Zona 3

Anota aquí las tareas relativamente urgentes pero poco importantes. Dado su carácter urgente, es fácil perder un tiempo precioso con ellas. Lo ideal sería llevarlas a cabo de forma adecuada, pero utilizando poco tiempo. Recuérdate a ti mismo que no debes dedicar demasiado tiempo a estas actividades.

Zona 4

Las tareas de esta zona no son ni importantes ni urgentes, lo que las convierte en peligrosas. Pero si reduces el tiempo que les dedicas, es posible que tu jornada laboral sea menos agradable. Suelen estar relacionadas con interacciones con clientes o compañeros y con la realización de tareas agradables pero no muy valiosas. Si las cortas de golpe, puede que te distancies de algunos de los aspectos más emocionales de tu entorno laboral, y que tus compañeros te presionen para que las retomes. Tendrás que ser estricto contigo mismo para evitar la tentación.

Descubre tus As, tus Bs y tus Cs

El siguiente paso es clasificar las tareas que has identificado en tu registro de actividades y en la tabla. Debes decidir si pertenecen a las categorías A, B o C.

A son tareas importantes y urgentes (zona 1 de la tabla) que conllevan un estrés alto.

B son tareas importantes o urgentes pero no las dos cosas a la vez (zonas 2 y 3 de la tabla) y conllevan un estrés medio.

C son actividades que ni son importantes ni urgentes (zona 4 de la tabla). Son tareas rutinarias y conllevan poco estrés.

- **Tareas tipo A.** Trata de completar algunas de estas tareas urgentes e importantes cada día. Márcalas claramente con una A. Si no las estás llevando a cabo, averigua por qué. Si no las realizas, aumentarán tus niveles de estrés.
- **Tareas tipo B.** Probablemente, éstas sean las tareas que consumen la mayor parte de tu tiempo, y generalmente son bastante numerosas.

- **Tareas tipo C**. Debes introducir estas tareas de prioridad baja en tu plan de gestión del tiempo, cuando tu agenda lo permita.

Cuando programes las tareas para tu jornada laboral sigue las siguientes pautas: una jornada de trabajo típica incluirá una combinación de tareas de tipo A, B y C. No pretendas finalizar de golpe todas las tareas A, a continuación todas las B y más tarde las C. Es mejor tener periodos de alta concentración seguidos de espacios donde realices tareas que exijan una menor dedicación.

Rookieconsejo

A lo largo de tu jornada laboral debes alternar tareas que requieran mucha concentración con otras menos exigentes. Ya que un día típico incluye tareas de tipo A, B y C, no pretendas finalizar de golpe todas las tareas del mismo tipo, mejor combínalas y así evitarás la monotonía y la caída de la atención.

Todo el mundo experimenta fluctuaciones en su rendimiento a lo largo de la jornada laboral. A determinadas horas, se es más eficaz y se tiene más energía que en otras. Si eres consciente de tu estilo y tu ciclo de rendimiento, programarás las tareas que requieran un mayor esfuerzo en las horas en las que rindas mejor. Ésta es una gran baza en la lucha por conseguir la eficacia personal y controlar el nivel de estrés.

No olvides que es muy fácil confundir urgencia con importancia al identificar las prioridades. Una tarea poco importante nunca dejará de serlo aunque el plazo del que dispongas para su realización sea extremadamente ajustado. Lo mejor es quitarse estas actividades de encima lo antes posible. La tabla de urgencia/importancia es una excelente manera de comenzar a abordar la gestión del tiempo y del estrés, porque te ayuda a clasificar las tareas de forma que puedas clarificar tus prioridades.

Rookieconsejo

El uso de la tabla urgencia/importancia te permitirá clasificar las tareas de acuerdo a tus prioridades ya que es una herramienta muy práctica a la hora de abordar la gestión del tiempo y del estrés.

El método de las 4 Ds

Existe otro método eficaz para evitar posponer las cosas, se conoce como el método de las 4 Ds. Evita dejar las cosas para más tarde utilizando una de las 4 Ds.

- **Demora tu reacción (no la tarea)**
  Párate a pensar un momento si te están pidiendo que realices una tarea (a) que realmente no debes hacer tú, (b) que no sabes cómo hacer, o (c) para la que no dispones de tiempo y, probablemente, acabes posponiendo. ¿Tienes los conocimientos suficientes para realizar la tarea a la que estás a punto de comprometerte? ¿Te han informado (de algo)? ¿Te ha pedido que la lleves a cabo alguien que no la entiende? Con frecuencia, se producen problemas en el momento de dar las instrucciones sobre una tarea. Si te surgen dudas, retrasa tu reacción. Argumenta que, con prisas, no tienes una opinión debidamente fundada. A menudo, las decisiones precipitadas se acaban lamentando y, si tienes dudas sobre la tarea que has aceptado, es probable que la acabes pos-

poniendo. No debes acceder a hacer algo sin tener claro lo que se te pide, o no serás capaz de hacerlo bien y la tarea se convertirá en una fuente de estrés.

- **Decide diariamente**

  Señala en tu agenda u horario el espacio de tiempo que has asignado a una tarea, así tendrás claro el tiempo que tienes para realizarla. Es una forma de eliminar la excusa de «no tengo tiempo», y te servirá de recordatorio sobre la importancia de abordar la tarea. Si cada vez que miras en tu agenda u horario, ves que el viernes por la mañana tienes que ponerte con esta actividad, tendrás muchas más probabilidades de hacerlo. De esta forma, refuerzas la tarea en tu subconsciente y comienzas a entrenar el hábito de hacer las cosas cuando las tienes programadas.

  De igual modo, cuando tengas que comenzar un trabajo de entidad, en lugar de intentar hacerlo de una tirada, es más conveniente programar una dedicación parcial cada día hasta que lo termines. En lugar de escribir un informe inmenso en una mañana estresante, ¿por qué no destinas media hora cada día durante dos semanas? De esta forma la actividad será mucho más agradable al estar fragmentada en unidades de tiempo más pequeñas. Cualquier tarea de enormes proporciones puede dividirse en secciones menores: ¿cuál es la mejor manera de comerse un elefante? Partiéndolo en pedacitos.

- **Delega**

  Es posible que una de las razones por las que no puedes llevar a cabo un trabajo que llevas posponiendo mucho tiempo, es que no sea una actividad que debas hacer tú. Quizá hayas accedido a hacerla tratando de ser amable. Pero párate un segundo a pensar e intenta que otras personas asuman algunos aspectos de la tarea, si esto es posible. Un problema compartido, a veces, se reduce a la mitad, y dos cabezas piensan mejor que una.

Si se trata de un trabajo que puede hacer mejor otra persona en su totalidad, delégalo por completo a la persona más capacitada. Si crees que la mejor solución es subcontratarlo, plantéate dar este paso.

- **Define un plazo**
  Si ya has intentado los pasos anteriores, ésta es la última sugerencia. Conoces la tarea que vas a llevar a cabo y has averiguado todo lo necesario antes de acceder a realizarla. Es el momento de fijar el tiempo que vas a dedicarle y ponerte manos a la obra sin más. Debes ser realista cuando fijes un plazo de tiempo. Si estableces un plazo terriblemente ajustado es bastante probable que no lo cumplas. Encuentra un plazo realista y planifica tu trabajo de acuerdo con él. Te resultará imposible disfrutar con tu trabajo, o simplemente hacerlo bien, si el plazo fijado es inadecuado.

Una forma de sentirte bien y evitar el estrés, es intentar terminar la tarea un poco antes de lo programado. Podrás tener algo de tiempo para echar otro vistazo al trabajo y revisarlo.

Estas recomendaciones son sólo un comienzo, y más adelante encontrarás más. No olvides que uno de los mayores obstáculos en la eficacia personal, la gestión del tiempo y el control del estrés es el deseo de posponer una tarea que no te agrada.

Rookieconsejo

Establecer tus prioridades antes de comenzar las tareas es fundamental. Aunque al principio te cueste un poco, cada vez te resultará más fácil y te ayudará mucho si consigues ponerlo en práctica a diario.

Otras sugerencias para evitar posponer las tareas

Todos intentamos dejar para más tarde los quehaceres que no son de nuestro agrado. Pero, desgraciadamente, comprobamos cada día que la mayoría de las actividades que hemos postergado no desaparecen. Siguen ahí, esperando a que las hagas, acomodadas en el fondo de tu mente (o al final de tu lista de tareas). Pueden hacerte sentir muy culpable cuando te acuerdas de ellas, pero aún así nunca encuentras el momento de ponerte a hacerlas.

Si te acabas convirtiendo en un experto en posponer tareas (porque piensas que es una buena forma de gestionar tu tiempo), puede que esto se vuelva en tu contra. El resultado suele ser una lista cada vez más larga de tareas pendientes. Ésta crece y crece, y cada vez es más difícil comenzar con cualquiera de ellas.

Es poco probable que consigas resolver estas tareas si las amontonas y piensas que las harás cuando tengas un rato libre. Amontonar, acumular, agrupar tareas... puede ser una buena forma de gestionar el tiempo, pero no en este caso. Si tienes un montón de tareas desagradables haciendo cola, sólo hay una forma de abordarlas: cuanto antes, mejor. Liquídalas: te sentirás mucho mejor y menos estresado cuando veas cómo se reduce día a día la lista de tareas.

Hay tanto que decir sobre la postergación, que podría ocupar una buena parte de este libro. Si te cuesta empezar ciertas actividades o las pospones una y otra vez, puede que tengas que cambiar los sentimientos que te producen, para poder abordarlas.

Rookieconsejo

Es imprescindible que cambies los sentimientos que te despiertan ciertas actividades que pospones continuamente para poder abordarlas y realizarlas con éxito.

Haz primero lo que no te gusta

Se trata de que hagas todo lo posible por quitarte de encima la peor tarea cuanto antes. No dejes que nada te aparte de tus intenciones. Una tarea que no deseas realizar, se puede convertir en un foco permanente de estrés y ansiedad. Esto, a su vez, genera una pérdida de eficacia que persistirá hasta que finalices el trabajo.

La mejor manera de llevar a cabo una gran tarea es poco a poco

Puede que ésta sea la única manera de abordar las tareas a largo plazo, cuando su envergadura no te permite ver más allá de ellas. Desglosar una ardua tarea en partes más pequeñas, te permitirá ir haciéndola poco a poco. Estos pequeños éxitos te harán sentir mejor, lo que mejorará tu motivación. Sigue así y llegarás hasta el final. Comprometerse con cosas pequeñas es mucho más fácil que hacerlo con una sola tarea enorme. Si fijas una fecha de finalización para cada una de estas partes, comprobarás que los objetivos a corto plazo son más fáciles de cumplir (el propósito «voy a terminar este capítulo para finales de esta semana» es más fácil de cumplir que «voy a terminar el libro para finales de septiembre»). También te da la oportunidad de ir corrigiendo pequeños errores o realizando cambios, a medida que avanzas en la tarea.

Compromiso público

Hacer público tu compromiso con un trabajo que te cuesta empezar es una buena garantía de que te obligarás a hacerlo. Puedes imprimir y hacer circular una nota entre tus compañeros en la que expliques lo que te propones. Otra posibilidad es que lo menciones en una reunión en presencia de otras personas, de forma que sepas que hay testigos de tus declaraciones, ya que entonces sería embarazoso no terminar el trabajo dentro de plazo.

Haz los deberes

Planificar las tareas del día siguiente justo antes de marcharte a casa o durante la tarde te ayudará a ser más eficaz. De esta forma evitarás distracciones por la mañana cuando llegues al trabajo. Si identificas una tarea con la que quieres comenzar a primera hora del día, iniciarás la jornada con un compromiso para lograr algo positivo. Esto te motivará a continuar trabajando eficazmente y lograrás más cosas de las que habías previsto.

Rookieherramientas

Las reglas más importantes de la gestión del tiempo están relacionadas con la postergación de tareas y el establecimiento de prioridades. Si aprendes a evitar dejar las cosas para más tarde y defines qué tareas debes hacer en primer lugar, el resto debería salir solo. Si tienes tendencia a posponer las tareas y no tienes claro cómo establecer prioridades, habrás aprendido diferentes técnicas a lo largo de este capítulo para solucionarlo.

- Es un error pensar que una tarea es más fácil si la dejas para más tarde. En realidad, es al revés.
- Incluye las tareas A, B y C en tu lista de tareas. Las tareas A son tu prioridad; las B son importantes pero menos urgentes; y, en el caso de las tareas C, resulta agradable encontrar tiempo para realizarlas.
- Si te cuesta organizarte, prueba a agrupar las tareas. Puedes destinar una hora al día a hacer llamadas telefónicas o enviar correos electrónicos. Se trata de realizar las tareas por bloques.
- Date una recompensa. Disfruta de la sensación de logro que se produce cuando gestionas bien tu tiempo.

Rookie en acción: ¿ya tienes el truco para priorizar tareas? Un pequeño consejo: si fueras a marcharte del país durante un período de tiempo indefinido y sólo tuvieras tiempo para hacer cinco cosas, ¿qué harías? ¿Has aprendido la diferencia entre una tarea urgente y una importante? Las tareas urgentes deben tener prioridad y resolverse rápidamente. Los trabajos importantes no siempre se pueden resolver con prontitud y pueden llevar más tiempo. ¿Sabes cuál es una de las principales razones por las que se posponen las tareas? El miedo. No dejes para más tarde una tarea por su importancia o sus proporciones desmesuradas. Hazla poco a poco.

Cosas que voy a hacer...

Cosas que necesito que otros hagan por mí...

En el capítulo 4 se expusieron los primeros pasos para adquirir control sobre el tiempo: identificar las tareas prioritarias y luchar contra la tendencia a posponer las cosas. Ahora ya estás preparado para empezar a formular un plan de acción adaptado a tus objetivos. Éste estará basado en una serie de puntos clave que, si no abordas correctamente, te harán perder tiempo y te generarán estrés. Aprenderás a evaluar tu grado de ocupación en términos de tareas frente a tiempo. Tendemos a medir la actividad cuando, en realidad, deberíamos medir el resultado. Gestionar bien el tiempo implica averiguar qué acción produce el mejor resultado. No confundas estar ocupado con rendir.

CAPÍTULO 5

Tu plan de acción

Lanza tu plan de acción

Una de las habilidades de gestión del tiempo más importantes es la capacidad para identificar y definir los objetivos claramente. Si tienes claras tus ambiciones y aspiraciones, esto no te resultará difícil. Pero hay personas que no consiguen cumplir lo que se proponen porque no son capaces de marcarse unos objetivos y realizar un seguimiento de sus logros.

Uno de los principales obstáculos a la hora de hacer realidad nuestras ambiciones es ser reactivo en las tareas del día a día. Si no eres proactivo en tu manera de abordar el trabajo, estarás limitado en tu capacidad de alcanzar tus metas.

Reactividad frente a proactividad

En el trabajo, a menudo nos presionan para que pensemos con rapidez y diligencia, de forma que reaccionemos en el acto y produzcamos resultados inmediatos. Esto acaba rápidamente con cualquier planteamiento creativo que se tenga, ya que las personas sienten que están a prueba. Cuando el trabajo está condicionado por los acontecimientos y las personas, se dice que es reactivo. La reactividad puede originar problemas de gestión del tiempo y un aumento de los niveles de estrés hasta un punto que afecte a la salud. En el mundo laboral, la mayoría de las personas se limita a hacer las tareas por las que recibe una recompensa. En un entorno en el que la satisfacción inmediata es la norma, rara vez hay cabida para una actitud proactiva.

Ser proactivo te ayudará a gestionar tu tiempo mucho mejor que si no lo eres. En realidad, hay una diferencia abismal. Si eres capaz de prever los acontecimientos y estás en disposición de tomar las medidas adecuadas cuando llega el momento, gestionarás mejor las situaciones que si esperas a que llegue la crisis. Las crisis generan estrés y son complicadas de resolver, ya que uno no controla los acontecimientos. Las personas proactivas miran hacia adelante y predicen el curso probable de los acontecimientos a medida que éstos se van sucediendo.

En lo que se refiere a la gestión del tiempo y del estrés, sé proactivo siempre que puedas, porque así lograrás mejores resultados y mantendrás tu nivel de estrés bajo mínimos. Mira siempre hacia el frente o hacia arriba, nunca hacia abajo: el paisaje es mucho más interesante.

Rookieconsejo

Intenta ser proactivo siempre que puedas en la gestión del tiempo y el estrés porque así lograrás mejores resultados y mantendrás tu nivel de estrés controlado.

Técnicas proactivas

Tormenta de ideas

Una de las técnicas más eficaces para identificar objetivos es la tormenta de ideas. El uso del pensamiento lateral es una técnica muy habitual que puedes utilizar solo o con tus compañeros de trabajo, en el marco de un equipo de proyecto o de un departamento, según sea más apropiado para la tarea que estés realizando. Por ejemplo, quizá quieras encontrar ideas para acelerar un proceso en particular, o identificar áreas de desarrollo de negocio en un momento de desaceleración económica. Puedes generar tantas ideas como quieras, pero en esta fase todavía no tienes que estudiarlas, analizarlas o madurarlas.

Este proceso podría arrojar algunas ideas, como la mejora de la fidelidad del cliente, la reducción de los costes del servicio de posventa, la puesta en marcha de un servicio de formación para los nuevos empleados, soluciones al problema de la rotación de personal, el análisis de la competencia, el mantenimiento de la ventaja competitiva y el uso de las nuevas tecnologías.

Estas ideas podrían desarrollarse en profundidad por medio de un análisis DAFO que compare las Fortalezas, las Debilidades, las Oportunidades y las Amenazas.

Define tus metas

Para continuar con el planteamiento proactivo, selecciona un par de ideas que creas que puedes sacar adelante y hazlas realidad fijándote unos plazos para ello. Una meta no se puede considerar como tal si no va acompañada de un plazo para conseguirla (¿recuerdas aquellas tareas que eran importantes pero que, como no tenían límite de tiempo, no se hacían nunca?). La mayoría de las personas se hace propósitos para el Año Nuevo, pero ¿cuántos se quedan por el camino porque no van acompañados de un plazo realista? Si incorporas el principio SMART tienes muchas más probabilidades de alcanzar tu meta:

(S)uperespecífica
(M)ensurable
(A)lcanzable
(R)ealista
(T)emporalmente limitada

Rookieconsejo

Cualquier meta debe ir acompañada de un plazo de consecución razonable para ser considerada como tal.

En términos de gestión del tiempo, transformar una aspiración en una meta requiere un proceso. Las metas necesitan ir acompañadas de objetivos específicos que determinen cómo organizas tu jornada. Las metas también te ayudan a conseguir resultados. Para lograr tus metas (que te conducirán a tus aspiraciones) es posible que tengas que cambiar la forma de hacer las cosas y deshacerte de antiguos hábitos que te hacen perder tiempo.

Si no tienes una dirección clara (que equivale a ser proactivo), te cegarán los resultados a corto plazo (reactivos), de forma que serás eficiente en tu trabajo, pero estarás muy lejos de tus metas. Esto te impide ser eficaz a largo plazo. Una de las cuestiones clave que te permitirán ser un buen gestor del tiempo será reconocer las diferencias entre ser reactivo y eficiente (si llevas a cabo acciones limitantes) y ser proactivo y eficaz (si realizas acciones de gran alcance). Asegúrate de realizar esta distinción tan importante y toma medidas para adoptar la segunda actitud en lugar de la primera.

Decide tus objetivos

Puede que te hayas fijado una meta como resultado de tu actitud proactiva hacia el trabajo, pero no la alcanzarás si no defines claramente unos objetivos (consulta los criterios SMART del apartado anterior y recuerda que las metas deben ser realizables). Tienes que ser capaz de medir las cosas con exactitud para (a) definir qué tienes que hacer, (b) cómo vas a hacerlo, y (c) decidir cómo vas a organizar la actividad. Por ejemplo, si quieres aumentar el número de clientes que tienes en un sector particular del mercado porque los indicadores económicos indican que es un área de crecimiento, necesitarás:

- Fijar un plazo para alcanzar dicho incremento.
- Decidir qué métodos de investigación y operativos vas a utilizar para conseguirlo (por ejemplo, aumentar la publicidad en la prensa del gremio o contratar un stand en una feria del sector).

Una vez te hayas decantado por un objetivo específico y hayas determinado el tiempo del que dispones para alcanzarlo, los métodos que utilices para conseguirlo deben de ser realistas y mensurables.

Rookieconsejo

Cuando hayas establecido un objetivo específico y un plazo para alcanzarlo, los métodos que utilices para llegar a él deben ser realistas y poder evaluarse.

Orden de prioridad

Volvemos a hablar de prioridades. Has fijado tus metas y has decidido cuáles son tus objetivos, pero si no son realistas, no podrás alcanzarlos. Es fundamental que clasifiques tus objetivos, así que tienes que ordenarlos por orden de importancia. Sé práctico. Por ejemplo, ¿alguno de tus objetivos depende de factores externos? Puede ser que dependan de otras personas, o podría tratarse de algún producto que se vea afectado por limitaciones estacionales. En ese caso, tendrás que esperar antes de poner en práctica tus ideas.

Cuando estés preparado para comenzar, te ayudará (en términos de gestión del tiempo) anunciar públicamente qué estás haciendo y cuándo esperas obtener resultados. Si te comprometes de esta manera, duplicarás las probabilidades de alcanzar tu meta. Aunque planifiques con cuidado, las cosas pueden salir mal. Llegado el caso debes estar preparado para revisar los resultados (o la falta de ellos) y descubrir rápidamente en qué momento se ha producido el error o no has sido suficientemente realista. Puede que la falta de éxito se haya producido por alguno de los factores externos pero también puede que haya fallado algo que debía haber estado bajo tu control.

Sé preciso con el tiempo

El tiempo es el elemento más importante del acrónimo SMART. Incluso aunque seas proactivo, debes echar un vistazo a las principales tareas del día a día. Si dedicas todo tu tiempo a las nuevas actividades que te has programado y olvidas tus tareas rutinarias, puede que te veas envuelto en una situación de crisis y tengas que reaccionar ante ella. Así que es importante que tengas en consideración tus tareas habituales, pero también que seas creativo cuando planifiques tus objetivos a largo plazo. Son pocas las personas que se toman un tiempo cada día para planificar sus objetivos del día siguiente. Pero no te limites a un período de 24 o 48 horas. Si eres proactivo, podrás hacerlo para un espacio de tiempo mucho más largo. Créate una agenda mensual, fíjate una meta a largo plazo o una visión para el futuro, incluso a varios años vista. Una de las claves para ser proactivo y no caer en un comportamiento reactivo es ser capaz de eliminar las interrupciones. En el capítulo 6 encontrarás sugerencias para adquirir esta destreza.

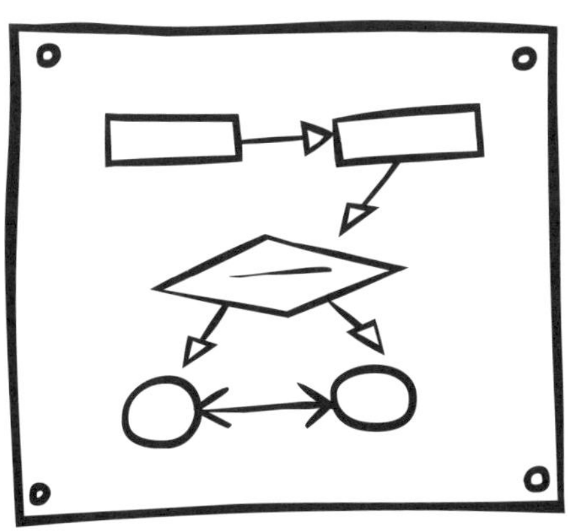

Conviértete en un experto en planificación

A menudo se dice que la manera más rápida para hacer muchas cosas es hacerlas de una en una. Aquí entra en juego la planificación, y si te niegas a considerarla, en realidad, estás planificando tu fracaso. Las personas que quieren disfrutar en sus vidas de una buena gestión del tiempo y controlan su estrés, saben planificar.

Recapitulemos: hasta el momento has aprendido a diferenciar entre comportamiento proactivo y reactivo y cómo ambos afectan a tus objetivos. También resulta útil diferenciar entre tareas de progreso y tareas de mantenimiento. Las tareas de progreso son aquellas en las que sabes que avanzas hacia una posición mejor que la actual. Las tareas de mantenimiento son aquellas que sólo te permiten alcanzar una posición igual a la que tenías antes de empezar. No hay nada peor que correr a toda velocidad y seguir en el mismo lugar.

Rookieconsejo

Consideramos tareas de progreso aquellas en las que sabes que avanzas hacia una posición mejor de la actual. Por el contrario, las tareas de mantenimiento sólo te permiten lograr una posición igual a la que tenías antes de comenzar y ya se sabe que la sensación de correr a toda velocidad y no avanzar es de las más frustrantes. Evítalas.

¿Hasta dónde deberíamos llegar en la planificación de nuestros objetivos?

Algunas personas tienen un plan estratégico, que recoge los objetivos de negocio y de organización a largo plazo. Evidentemente, tienes que identificar metas específicas para que estos objetivos sean realizables, y hacer un listado de todas las tareas relacionadas, en orden de prioridad. Probablemente, deberías revisar este plan regularmente, buscar cómo actuar con mayor eficacia, implantarlo por pasos, evaluarlo y convertirlo en un proceso continuo. Este tipo de planificación es la forma más elevada de comportamiento proactivo.

El siguiente nivel de proacción es planificar a medio plazo. Los objetivos a medio plazo son menos trascendentales y ambiciosos. Se trata de metas más importantes que urgentes, pero debes establecer plazos específicos si quieres ser realista. Puedes dividir las tareas correspondientes en segmentos y delegar alguno de ellos. Si te enfrentas a un trabajo complejo, intenta siempre subdividirlo para que resulte más manejable. Confronta regularmente este plan a medio plazo con el plan estratégico, para ver si lo complementa y comprobar que no se contraponen.

¿Es posible fijarse metas a corto plazo proactivas y no reactivas? Por supuesto. No hay nada de malo en llevar una agenda semanal. Dedica algo de tiempo, al principio de cada semana, a planificar tu lista semanal de acciones. Anota en esta lista las tareas importantes que vas a llevar a cabo en los siguientes cinco días. Dado que es un marco de tiempo bastante reducido, asegúrate de que las horas que destinas a cada tarea son adecuadas. Si la asignación de horas es poco realista, tu planificación, por muy bienintencionada que sea, fallará.

Tu planificación diaria debe ser estricta, sobre todo en lo que se refiere a la asignación de tiempo. Retoma los fundamentos de la gestión del tiempo siempre que puedas, y elabora una lista de tareas en orden de urgencia e importancia. Numera todas las tareas y establece un orden de prioridades con la mayor precisión posible. Si puedes, deja algunos espacios en blanco por si surge cualquier problema y necesitas dedicar más tiempo a una tarea. No hay nada peor que sobrecargar tu agenda y encontrarte con que tienes menos de diez minutos para llegar a una reunión que se celebra en la otra punta de la ciudad. Planificar más tareas de las que puedes hacer, resulta deprimente y desmoralizante.

Recuerda también que lo mejor es terminar una tarea antes de comenzar con la siguiente. A veces es inevitable superponer unas tareas a otras, esto te priva de la satisfacción de tachar una tarea de la lista cuando la has terminado. Si realmente vas mal de tiempo, siempre puedes reprogramar para otro momento del día o de la semana aquella tarea que sabes que no vas a poder terminar. Pero si pospones una actividad para otro momento, asegúrate de que sea tu prioridad número uno en la lista de tareas del día siguiente.

Rookieconsejo

Cuando vayas mal de tiempo, intenta reprogramar aquellas tareas que sepas que no vas a poder hacer para otro momento del día o de la semana. Evitarás cargarte de tensión de forma innecesaria pero ten cuidado de no posponerlas en exceso para que no saturaren tu lista de tareas del día siguiente.

La razón esfuerzo-tiempo

¿Estás familiarizado con la razón esfuerzo-tiempo? Esta relación parte de la premisa de que cuanto más esfuerzo dediques a una tarea compleja en su etapa inicial, más tiempo ahorrarás al final.

Si preparas con antelación un proyecto, te organizarás mejor, ya sea una tarea que realizas tú solo o en grupo. Si haces esto, estarás siendo proactivo y evitando caer en un comportamiento reactivo. Esfuérzate todo lo que puedas por evitar la culpa, la duda o las recriminaciones o, lo que sería peor (si las cosas se complicaran realmente), llegar a los tribunales. Esta actitud mantendrá a raya los niveles de estrés de cualquier persona.

Rookieconsejo

Trabaja con intensidad al principio de cada nueva tarea ya que realizar el mayor esfuerzo en las primeras fases del proyecto disminuye mucho el estrés durante todo el proceso y, a medida que éste avance, sólo deberás emplear la energía y el tiempo necesarios para mantener la velocidad de crucero alcanzada.

Si trabajas arduamente al comienzo de una nueva tarea o proyecto, tendrás mucho menos estrés. En las primeras fases, es cuando debes realizar el mayor esfuerzo. A medida que avanza el proyecto, disminuye el esfuerzo requerido para mantenerlo en marcha. Si no es ése el caso, quizá sea porque el esfuerzo que realizaste en la primera etapa del proyecto no fue de mucha ayuda, y esto te ha originado un comportamiento reactivo de última hora, lo que también se conoce como gestión de crisis.

Rookieherramientas

Si estás dispuesto a trabajar con más inteligencia en lugar de más arduamente, como debería hacer todo buen gestor del tiempo, conviene que tengas en cuenta los siguientes puntos. Por orden de importancia:

- **Evita dejar las cosas para más tarde: hazlas ahora**
  No pospongas una tarea que debes hacer. Si realmente es algo que hay que solucionar, puedes hacerlo rápidamente (si tu oficina está en llamas, puedes llamar a los servicios de emergencia en unos segundos. Apagar el fuego probablemente lleve más tiempo, pero afortunadamente esa no es tu tarea).
- **Aprende a priorizar**
  Identifica las tres tareas más importantes y dedícate a ellas hasta que las termines. Disfruta de la sensación de logro cuando las marques como realizadas. Si no puedes decidir, imagínate que te vas a la Luna y sólo tienes tiempo para hacer tres cosas antes de abandonar la Tierra. ¿Qué vas a hacer?
- **¿Por qué quieres ser perfecto?**
  No tienes que hacerlo todo. No intervengas en las cosas que se pueden solucionar por sí solas y no intentes controlar cada detalle. Recuerda el Principio de Pareto (la Regla de 80/20): lo perfecto es enemigo de lo bueno. Los buenos gestores del tiempo saben que esto es verdad.
- **Sé proactivo en lugar de reactivo**
  Ocúpate activamente del futuro antes de que llegue. Decide qué es importante para ti y qué quieres conseguir. Si sales a la calle con impermeable, el sol probablemente brille todo el día.
- **Haz las cosas una por una**
  Y termínalas antes de comenzar la siguiente. No te dejes presionar para hacer alguna tarea imprevista. Si te cuesta

decir no, retrasa el momento de aceptarla. Sé vago en tu respuesta o deja que tu buzón de voz hable por ti.

- **Organízate**
  Pon al día las tareas atrasadas y libérate del desorden, ya sea éste en forma de tareas que probablemente nunca vas a hacer o de papeles que nunca llegarás a leer. Recuerda las 4 Ds de la gestión: Dedícate a solucionarlo, Delégalo, Deposítalo o Descártalo.

Rookie en acción: estas son algunas normas útiles que te ayudarán a gestionar mejor tu tiempo y controlar el estrés. Cuanto más familiarizado estés con la planificación de tu trabajo y la implantación de tu plan de acción, más fácil te resultará gestionar tu tiempo. Recuerda la razón esfuerzo-tiempo: te ayudará a sobrellevar el trabajo complicado más fácilmente. No olvides la diferencia entre ser proactivo y reactivo. El comportamiento proactivo es mucho más positivo que las acciones reactivas. Piensa en cómo podrías conseguir resultados diferentes si te esforzaras en mantener el control. Tiene más sentido trabajar con más inteligencia en lugar de más arduamente.

Cosas que voy a hacer...

Cosas que necesito que otros hagan por mí...

Este capítulo revisa una de las habilidades más importantes de la buena gestión del tiempo. Es fundamental tener la capacidad de gestionar las interrupciones eficazmente. Si estás trabajando en algo que exige mucha concentración, una interrupción te hará parar en seco. Dejar a un lado tu tarea, para solucionar la crisis o el trabajo que te haya surgido reducirá el tiempo que puedes dedicar a la tarea que tenías entre manos y te hará perder el hilo. Como resultado, perderás de nuevo más tiempo al intentar volver a la actividad inicial. Si alguna vez has sentido que la cantidad de interrupciones que sufres es tu principal excusa para justificar la falta de resultados, presta mucha atención a lo que sigue a continuación: desgraciadamente la principal causa de interrupciones son las personas, así que tendrás que aprender a tratar a tus compañeros adecuadamente.

CAPÍTULO 6

Gestiona las interrupciones

Di no a las interrupciones

¿Sabías que, de media, las personas son interrumpidas cada siete minutos? Quizá te interrumpa un teléfono que suena, un aviso de un nuevo correo electrónico, la visita de alguien que desea hablar contigo o cualquier otra cosa. ¿Te encuentras trabajando entre interrupciones? ¿Alguna vez que no has finalizado un trabajo a tiempo, has utilizado las interrupciones como excusa? Las interrupciones pueden ocupar alrededor de una cuarta parte de tu jornada laboral, lo que resulta bastante chocante. Si no aprendes a vencer estos obstáculos que te impiden avanzar en tu trabajo, te resultará difícil llevar a cabo tareas importantes que requieran toda tu concentración.

Como has aprendido en capítulos anteriores, es fácil confundir estar ocupado con ser eficaz. Si te interrumpen mientras estás inmerso en una tarea que te exige la máxima concentración, es probable que la abandones temporalmente para solucionar el asunto urgente. Esto reduce tu productividad. Una posible solución es agrupar las interrupciones y dejarlas para un momento determinado del día. Si se trata de cosas que *pueden* esperar, ésta es una buena estratagema. Pero si no, tienes que encontrar la forma de evitarlas. Una manera de hacerlo es diciendo no. Si actúas como siempre lo has hecho, siempre obtendrás el mismo resultado. De manera que si quieres ser eficaz en tu trabajo, debes esforzarte en hacer menos cosas. A veces, menos es mucho más.

Rookieconsejo

Albert Einstein dijo: «si buscas resultados distintos, no hagas siempre lo mismo». Además, esto no va a significar trabajar más, sólo ser más eficaz. En ocasiones debes esforzarte en hacer menos cosas pero diferentes. A veces, menos es mucho más.

Si te enfrentas a numerosas interrupciones a lo largo de tu jornada laboral, es vital que seas capaz de darte cuenta del tiempo que te roban.¿Recuerdas la importancia de distinguir las tareas urgentes de las que no lo son? No puedes evitar atender a las interrupciones urgentes, pero si te topas con una que no lo es, tienes que ser capaz de postergarla de una forma educada pero clara.

Las interrupciones durante la jornada laboral no sólo roban tiempo, sino que además te obligan a invertir tiempo después en retomar la tarea que estabas realizando. No debes ignorar las interrupciones importantes o urgentes, pero tampoco debes sentirte culpable cuando evites que las cosas sin importancia consuman tu tiempo.

Rookieconsejo

No debes desatender las tareas vitales o urgentes, pero tampoco te hagas el haraquiri si ves que tu tiempo desaparece al intentar solucionar cosas menos importantes.

Existen numerosas estrategias de las que puedes hacer uso, para reducir el tiempo que te hacen perder las interrupciones. Una de ellas es utilizar un método para vigilar la entrada de tu despacho, como una secretaria, un asistente o incluso un mensajero, si dispones de ellos, para que actúen de pantalla. Si quieres ser servicial, informa al resto de en qué momento vas a estar disponible. Para ello, convendría que destinaras un momento del día o un día de la semana a atender a tus compañeros y que lo cumplieras. Con un poco de suerte, no te encontrarás una fila demasiado larga de personas esperando para hablar contigo a la hora señalada.

No estamos sugiriendo que hagas caso omiso de todos tus compromisos. Debes mantener una buena relación con tu jefe, tus compañeros y tus subordinados, y para ello es necesario que estés accesible. Pero no a expensas de tu tiempo y cuando ellos deseen. Este proceso funciona mejor cuando es bidireccional. Si alguien acude a ti con prisas y te pide que le dediques un poco de tu tiempo, lo mejor es que averigües qué quiere de ti exactamente y si requiere una solución inmediata. Si no es así, puede esperar. Pero es de buena educación, sugerir a la persona otro momento en el que sí puedas ayudarla y dedicarle toda tu atención.

Las visitas inesperadas de compañeros en momentos imprevistos, no ayudan mucho cuando te estás esforzando en gestionar tu tiempo eficazmente. Debes desarrollar una forma clara, pero educada, de decirles a los demás que estás muy ocupado y no quieres ser interrumpido.

Clasifica las interrupciones

Cuando creaste tu registro de actividades, seguramente te diste cuenta de cuáles son las interrupciones más habituales que te roban tiempo y te obligan a dejar de lado tu trabajo. Debes conocer a qué tipo de interrupciones te enfrentas habitualmente, quién y/o qué las origina y cuánto tiempo te quitan. Una vez hayas reunido esta información, échale un vistazo para tratar de identificar un patrón visible.

Rookieconsejo

Conocer qué tipo de interrupciones son más habituales en tu día a día, quién o qué las origina y cuánto tiempo te quitan te ayudará a establecer un patrón y, una vez hayas reunido esta información, a optimizar tu tiempo.

Contesta las siguientes preguntas:

- ¿Cuánto tiempo has dedicado a las interrupciones esta semana?
- ¿Cuántas de ellas eran importantes?
- ¿Cuántas eran inevitables?
- ¿Cuáles fueron sus principales causas?
- ¿Estaban relacionadas con las personas o tenían que ver con cosas (por ejemplo, problemas con los equipos o la tecnología)?
- ¿Has reconocido un patrón común en ellas?

Hasta que no tengas una idea clara de la causa de las interrupciones, no podrás empezar a desarrollar habilidades para controlarlas.

Aquí tienes una breve lista para que reflexiones:

- Si es principalmente el teléfono, conecta tu buzón de voz.
- Si pasas demasiado tiempo al teléfono, ponte un límite de cinco minutos por llamada (compra un temporizador si hace falta).
- Si recibes habitualmente la visita de compañeros que van a verte o pasan por tu espacio de trabajo, desarrolla algún tipo de lenguaje corporal negativo (evita el contacto visual, no les mires cuando te hablen).
- Si no captan la indirecta, mira el reloj.
- Haz que se queden de pie, y levántate tú también.
- Si todo esto falla, utiliza auriculares y desarrolla una sordera selectiva.

Esta nueva técnica de gestión del tiempo y del estrés, que debes poner en práctica, se denomina rechazo. Se trata de decir o transmitir el mensaje no. Probablemente, te vengan a la memoria un buen número de ocasiones en que hayas intentado establecer contacto visual con alguien y te hayan evitado (cortésmente), esquivando el contacto contigo. Puede que no te resulte fácil pero, como ocurre con la mayoría de los nuevos hábitos, cada vez te costará menos. Para aprender a manejar las interrupciones hace falta tenacidad. Sé constante: no llegarás a ninguna parte si desistes al cabo de unos días porque te parece una empresa difícil.

Rookieconsejo

Debes ser muy tenaz a la hora de aprender a manejar las interrupciones. Intenta ser constante ya que se trata de una empresa difícil y no llegarás a ninguna parte si desistes a las primeras de cambio.

A continuación, encontrarás nueve técnicas importantes para abordar las interrupciones y lograr seguir concentrado:

1. Aunque te cueste al principio, esfuérzate al máximo por no hacer tres cosas cada día; es decir, di no a tres cosas. No aceptes hacer algo sólo porque alguien diga que deberías hacerlo (o porque pienses que debes aceptar sus planes). ¿Cómo puede alguien negarse a hacer algo que le pide un superior? Una forma sencilla es averiguar, inmediatamente, si se trata de un asunto primordial y urgente que requiere que abandones todas las tareas que tienes entre manos. Evita dar la sensación de que no estás dispuesto a aceptar su petición, así que pregunta a tu jefe a cuál cree que tendrías que dar preferencia (aquí, de nuevo, hace falta priorizar, en este caso las interrupciones combinadas con un poco de asertividad).

2. Encarga a alguien que tome nota de los recados para ti: esto es algo que todo el mundo puede hacer, ¿no? Como ocurre con todas las cosas, esto se puede hacer bien o mal. Si alguien se ha ofrecido para tomar nota de tus recados, para que no pierdas tiempo, asegúrate de que apunta la información de forma clara y concisa. Se pierde una gran cantidad de tiempo descifrando notas arcanas o pistas crípticas, ya

seas tú el emisor o el receptor. Esto es lo que deberías hacer cuando tomes nota de un mensaje:

- Anota el nombre y el número de teléfono de la persona que ha llamado y la hora de la llamada.
- Repite el nombre y el número de contacto en voz alta para comprobar que lo has escrito correctamente.
- Relee los mensajes que haya dejado.
- Pregunta si se trata de un asunto urgente.
- Anota qué acción hay que realizar (por ejemplo, hay que devolverle la llamada/llamará de nuevo).
- Anota el estado de ánimo de la persona que ha llamado (por ejemplo, enfadado, preocupado, disgustado...).
- Utiliza una letra legible si no utilizas el correo electrónico para transmitir esta información.
- Pasa esta información al interesado inmediatamente.
- Si es posible, comprueba que la ha recibido.

3. Si te enfrentas a una tarea de enormes proporciones, que debes finalizar en un breve espacio de tiempo, aquí tienes otra táctica que puedes utilizar. Puedes negociar con tu jefe la posibilidad de realizarla desde casa. De esta forma, creas una zona libre de distracciones. Explícale que así aumentaría enormemente el volumen de trabajo que podrías hacer, lo que, además, acarrearía otras ventajas secundarias. Puedes decirle que, trabajando desde casa, podrías terminar la tarea en tres días, mientras que si lo hicieras en la oficina, seguramente te llevaría como mínimo cinco. No hay duda de que la mayoría de las personas podría hacer lo que hace en la oficina en, digamos, la cuarta parte del tiempo si trabajara sin interrupciones. ¿Estarías preparado para intentarlo? Negociar un poco de flexibilidad en el trabajo puede hacerte ahorrar muchas horas.

Rookieconsejo

Evita que el correo electrónico te esclavice: aunque suele considerarse educado responder a los mensajes de manera casi instantánea, por lo general, no es necesario interrumpir lo que estés haciendo.

4. ¿Estás permitiendo que se produzcan las interrupciones? Es posible que te hayas autoimpuesto una en concreto. No te conviertas en esclavo del correo electrónico. Puede que se considere educado responder a los mensajes rápidamente pero, generalmente, no es necesario hacerlo en el momento. Si revisas tus correos veinte veces al día, no estás siendo eficiente. De hecho, investigaciones recientes han demostrado que muchas de las personas que responden a los correos electrónicos en el momento, están estresados o tienen baja la autoestima. Si gestionas bien el tiempo y no permites que tus niveles de estrés se eleven, pertenecerás a la relajada mayoría que no deja que el correo electrónico ejerza ninguna presión sobre su tiempo. Puede que te sientas obligado a vaciar tu buzón de entrada con regularidad, pero debes convencerte de que no es necesario y así evitarás que los mensajes te distraigan de una tarea importante. Toma las riendas y di «No, ahora no, más tarde». Sal de las cadenas de mensajes que no te interesan y asegúrate de que tu filtro anti correo basura está actualizado y que bloquea la entrada de otros mensajes no deseados.

5. Pon en práctica la regla de la puerta cerrada (sólo efectiva si tienes puerta). Salvo cuando quieras alentar a las personas a que entren en tu despacho o área de trabajo, mantén la puerta cerrada. Si alguien tiene una razón poderosa para verte, no se echará atrás ante una puerta cerrada y, en ese caso, siempre deberías encontrar un momento. Sin embargo, las puertas son un buen elemento disuasorio para aquellos a los que, al pasar por tu despacho, se les ocurre una pregunta trivial.

6. Es estupendo tener compañeros sociables que prefieren hablar a trabajar, salvo cuando estás ocupado. En la mayoría de las organizaciones hay personas de este tipo y, normalmente, son la mayor causa de pérdida de tiempo. Si te ves obligado a cortar una conversación para volver a tu trabajo, sugiere retomar la charla en un momento que te venga bien. Podría ser durante la comida, en la pausa para el café o después del trabajo. Otra opción, es que acuerdes acercarte tú a su despacho en lugar de que te vengan a ver. Si eres tú quien va a ver a alguien, te resultará mucho más fácil irte cuando quieras, que hacer que se vayan.

Rookieconsejo

> Tener compañeros sociables que prefieren hablar a trabajar puede ser maravilloso... ¡siempre que no tengas algo muy urgente que hacer!

7. Mantén el control sobre las reuniones. Las reuniones son una forma excelente de perder un tiempo valioso a no ser que actúes de forma inteligente y organizada. Aunque a veces son inevitables, es fundamental hacerlas lo más cortas posible. Si necesitas un orden del día, elabóralo con antelación y cíñete a él. Sé asertivo y pregunta cuánto tiempo va a durar la reunión. Si tienes programada una hora para reunirte con alguien, asegúrate de llegar a la hora y al lugar acordados, y cíñete a tu límite de tiempo sin excederte ni permitir que los demás lo hagan. Cuando hayas desarrollado este hábito, te sorprenderá ver el

respeto que suscitas entre otras personas ocupadas, por tu autodisciplina. Si consigues que te consideren un buen gestor de reuniones, tu reputación aumentará.

8. Gestiona las peticiones o invitaciones no deseadas. Si alguien te encarga una tarea o te pide que asistas a una reunión, conferencia u otro evento, asume que existen diferentes fórmulas de combatir estas peticiones que te roban tiempo. Debes ser implacable y decidir qué tienes que hacer en lugar de qué te gustaría hacer (si el tiempo lo permite). Sé firme y formúlate la siguiente pregunta: ¿podría asistir otra persona en tu lugar y obtener el mismo resultado? ¿Tu asistencia te beneficia a ti o a tu empresa directamente? Crear una red de contactos es una habilidad importante y valiosa, y no se debe dejar pasar la oportunidad de conocer gente. Sin embargo, si no ves una ventaja ostensible en asistir a un acto social, y lo haces por educación u obligación, declina la invitación. Si no lo haces, estarás abriendo una fisura en tu estrategia para evitar interrupciones. Cuando digas no, recuerda que lo importante es rechazar la petición, no a quien la formula.

Rookieconsejo

Si tienes que decir que no a alguien, recuerda que es importante que esa persona no se sienta rechaza. Tu negativa afecta sólo a esa petición, no a él.

Crear una zona sin interrupciones es otra forma simple y eficaz de abordar este problema. Si te resulta difícil, concierta una cita, contigo mismo, para tener un poco de tiempo para pensar. Dedicar una parte del día a pensar, es beneficioso y eficaz. Durante ese tiempo, haz caso omiso del correo electrónico, del teléfono y de las visitas de tus compañeros.

Rookieherramientas

A la hora de luchar contra las interrupciones, no hay nada más eficaz que exponer públicamente tus intenciones. Informa a tus compañeros de que estás intentando gestionar tu tiempo más eficazmente, y ellos colaborarán. Puede que esto no evite todas las interrupciones, pero sí que las disminuya un poco. Si explicas a tus compañeros lo que estás haciendo, evitarás que piensen que te estás comportando brusca o descortésmente.

Sea cual sea la estrategia que utilices para enfrentarte a las interrupciones no deseadas, intenta ser consecuente y persistente. Si cambias tus reacciones, transmitirás la impresión de que es fácil persuadirte para que abandones tus intentos de gestionar mejor el tiempo. No permitas que esto suceda. Para recapitular, aquí tienes algunas de las mejores tácticas para evitar las interrupciones en el trabajo:

- Adelántate a las interrupciones planificando qué acciones vas a implantar.
- Al teléfono, evita las charlas interminables y sin sustancia.
- Cuando recibas visita, sé implacable con tu tiempo, pero educado con las personas.
- No dejes que el papeleo te distraiga.
- Descarta las peticiones e invitaciones que no sean necesarias.
- Si eres incapaz de decir no, ¿cómo van a apreciar tu sí?
- En cuanto a tu disponibilidad, pon algunos límites (cierra la puerta o trabaja desde casa).
- Respecto a la mala organización, utiliza una estrategia que te guste y te funcione.
- Falta de planificación: si no planificas, nunca aprovecharás al máximo tu tiempo.

Rookie en acción: no esperes que nada de esto te resulte fácil; puede que nunca antes hayas tenido que esforzarte tanto. ¿Sabes por qué es tan difícil? Porque estás saliendo de tu zona de comodidad. Siempre resulta más sencillo seguir haciendo las cosas de la misma manera y seguir diciendo sí, cuando quieres decir no. Pero una vez hayas hecho el esfuerzo de limitar las interrupciones, los beneficios serán enormes.

Cosas que voy a hacer...

Cosas que necesito que otros hagan por mí...

En este capítulo analizaremos la gestión del tiempo en relación con la tecnología. Dado que los ordenadores dominan todos los aspectos de nuestra vida, no es sorprendente que, a la vez que nos permiten ahorrar un montón de tiempo, puedan convertirse, cuando hay problemas, en los mayores ladrones de tiempo y factores desencadenantes de estrés. Porque con los ordenadores, las cosas pueden complicarse mucho más rápidamente. A continuación, te propondremos algunas sugerencias de sentido común que te ayudarán a evitar problemas y que requieren autodisciplina y control, así como algunas sugerencias para que guardes tus datos a buen recaudo.

CAPÍTULO 7

La tecnología y la gestión del tiempo

Haz un buen uso de la tecnología

En el trabajo, pasas la mayor parte del tiempo utilizando tecnología de un tipo u otro. A lo mejor, tu trabajo requiere en gran medida una comunicación telefónica, móvil o fijo, o quizá tu jornada gire en torno a los correos electrónicos que envías y recibes. También puede que te ganes el sueldo gracias a tu habilidad para elaborar impresionantes cálculos complejos y organigramas con el ordenador. Sea cual sea tu trabajo, si quieres aprovechar al máximo tu tiempo, tienes que hacer el mejor uso posible de la tecnología que tienes a tu alcance. Aparentemente, puede que no sepas utilizarla o simplemente pienses que estás mejor sin utilizarla, pero no hay excusa posible: si tienes muchas cosas que hacer, lo más razonable es que te apoyes en la tecnología. Toda persona que desee gestionar bien su tiempo y mantener a raya su nivel de estrés, debería estar al día de todos los aspectos relacionados con la tecnología, si es que esto es humanamente posible.

Rookieconsejo

Haz el mejor uso posible de la tecnología de la que dispongas, con independencia de cual sea tu trabajo. De esta manera aprovecharás al máximo tu tiempo.

Para sacar el máximo partido a tu ordenador, necesitas conocer minuciosamente cómo funcionan las aplicaciones informáticas y utilizar los recursos a tu alcance para ahorrar tiempo y disgustos. Si tienes la posibilidad de recibir formación en la oficina, pero no la utilizas, estás dejando pasar una muy buena oportunidad de mejorar y deberías buscar el tiempo para aprovecharla. Acuérdate de lo que decíamos antes sobre las tareas importantes pero no urgentes. Piensa en el tiempo que ahorrarás y en el aumento de tu eficacia cuando adquieras esas nuevas habilidades.

Para utilizar eficazmente las tecnologías de información hace falta saber qué prestaciones ofrecen. ¿Utilizas todas las características de los programas: eres capaz de combinar correspondencia, plantillas, macros, formularios en línea...? El correo electrónico se concibió como idea con el objetivo de una oficina sin papeles. En parte lo ha conseguido y hoy sustituye, en la mayoría de las ocasiones, a las notas y a las cartas. Aún así seguimos teniendo un exceso de papeles encima de la mesa así que sé más eficaz e imprime solamente aquello que realmente necesites.

Si utilizas tu equipo informático correctamente, ahorrarás mucho tiempo además de mejorar tu eficacia y rapidez, pudiendo destinar tus recursos a otros fines. Aplicando unos recursos sencillos como los que te presentamos a continuación evitarás que tu equipo informático se colapse (si desconoces qué es lo que te proponemos o no sabes muy bien cómo hacerlo, pide ayuda a alguien que sí sepa):

- Desfragmenta el disco duro regularmente.
- No descargues cosas inútiles que llenan la memoria de tu ordenador y reducen su velocidad de funcionamiento.
- Comprueba regularmente que tienes la versión más actualizada de los programas que utilizas y que tu sistema es compatible con el de las personas con las que te comunicas habitualmente.
- Familiarízate con los atajos de teclado de tu ordenador (por ejemplo pulsando la tecla Control+C para copiar): ahorrarás horas de trabajo inútil.
- Haz copias de seguridad o deshazte del material que ya no necesites, para mantener el disco duro con el mayor espacio libre posible. Cuanto menos cosas contenga, más rápido trabajará.
- Aumenta la memoria RAM si es posible. De esta forma, los programas irán más rápido.
- Si utilizas los programas de uno en uno, probablemente ganarás tiempo.
- Elimina la mayoría de fuentes innecesarias que vienen incluidas en los programas. Así no caerás en la tentación de juguetear con ellas cuando elabores las versiones finales de tus presentaciones. La mayoría de los documentos se elaboran con las cinco fuentes más utilizadas universalmente. La razón de que sean universales es que son fácilmente legibles.
- Utiliza adecuadamente el escáner.
- Realiza una revisión de tu ordenador de forma regular. Actualiza los sistemas no más de dos veces al año o cuando te lo aconseje el departamento de informática.

- Deshazte de los equipos obsoletos y sustitúyelos por elementos actualizados y rentables. Existen muchos planes de reciclaje de equipos informáticos que permiten deshacerse de los datos antiguos de forma segura.
- Alíate con la Red, pero no te encariñes demasiado. Si la utilizas con sentido común, puedes ahorrar muchas horas de investigación, pero corres el riesgo de perder muchas más si te distraes navegando *a la deriva.*

Igual de importante es sacar partido de la tecnología relacionada con la comunicación:

- Buscas, desvío de llamada, rellamada automática, números preprogramados, llamada en espera y buzón de voz: utiliza todas las tácticas que estén a tu alcance para ahorrar tiempo.
- Los teléfonos móviles te pueden hacer ahorrar mucho tiempo cuando te cambian el lugar y la hora de una reunión en el último momento. Si tu trabajo te obliga a viajar mucho y el tren se ha convertido en una prolongación de tu oficina, reduce las conversaciones al mínimo, evitarás interrupciones por pérdidas de cobertura, problemas de comprensión por ruidos...
- Los programas de organización de agendas son increíblemente eficientes. Te permiten coordinar reuniones a lo largo de toda la organización y sincronizar las horas en las que todos están disponibles.

Hay muchas maneras de ahorrar tiempo gracias a la tecnología. Las herramientas son cada vez más sofisticadas en su funcionamiento interno y más sencillas de utilizar para los usuarios. Muchas veces las pasamos por alto porque no hemos tenido tiempo de descubrirlas, pero no debemos ignorarlas. Oblígate a dedicar un poco de tiempo cada mes (vuelve a tu registro de actividades) a aprender nuevos recursos para ahorrar tiempo.

Recuerda el *mantra* de las comunicaciones y la tecnología: lo bueno, si breve y simple, dos veces bueno.

Rookieconsejo

Las tecnologías, cada vez más perfeccionadas, permiten ahorrar tiempo. En ocasiones no las utilizamos porque no hemos tenido tiempo de descubrirlas, pero no debemos ignorarlas.

Realiza copias de seguridad

En la vida antes había dos cosas ineludibles: la muerte y los impuestos. Ahora hay tres: la muerte, los impuestos y la certeza de que tu sistema informático se caerá y perderás toda tu información si no tienes una copia de seguridad. Una pérdida de este tipo se transforma automáticamente en una crisis cuyo alcance dependerá del tipo y el volumen de la información perdida (puede ser individual o alcanzar a toda la organización). En cualquier caso tu gestión del tiempo quedará patas arriba y tu nivel de estrés se disparará.

No hay duda de que los ordenadores son maravillosos... al menos hasta que, inexplicablemente, un buen día dejan de funcionar. Cuando esto ocurre, las cosas dejan de ser tan bonitas (si has trabajado más de tres meses con un ordenador, seguro que sabes de lo que hablo). Se trata, en definitiva, de prevenir el desastre y minimizar los daños.

Como ya hemos mencionado, la gestión del tiempo tiene un efecto en los costes para la empresa. Como es natural, el objetivo es ahorrar tiempo sin gastar dinero. Una buena forma es invertir en un ordenador y en los programas adecuados. Piensa en la cantidad de trabajo que se realiza en todo el mundo cada día, cada hora, cada minuto y cada segundo con estas máquinas capaces de realizar rápidamente cantidades ingentes de trabajo, procesar información con un simple clic y presentarla de manera profesional. Sin embargo no ignores esa tendencia que tienen (tal vez movidas por extrañas fuerzas ajenas a la voluntad humana) a colgarse y hacer que todo tu trabajo desaparezca en un instante sin dejar huella. Y lo más terrible es que, normalmente, es difícilmente recuperable.

La información profesional (y personal) que contiene tu disco duro es, sin duda, lo más importante y valioso que contiene tu ordenador y lo único que no se puede sustituir. En un ordenador cualquier componente puede ser reemplazado: memoria, procesador... incluso la placa base. Por muy costoso o engorroso que sea. Sin embargo es imposible reemplazar los datos que se han perdido. Por esta razón, en caso de que no lo tengas ya, no pierdas ni un solo segundo sin implantar un sistema para realizar copias de seguridad lo antes posible.

Rookieconsejo

Las copias de seguridad pueden evitarte perder información crucial a pesar de que garantizar la total integridad de tus datos es imposible.

La mayoría de las veces, los datos se pierden por un fallo en el disco duro, pero no debes descuidar la presencia de virus o gusanos transmitidos a través de la Red. Aunque resulta imposible garantizar la protección absoluta de tu disco duro, existen diferentes formas de hacer copias de seguridad que te permiten minimizar el riesgo de perder toda tu información importante. Utiliza para ello, alguno de los métodos que te presentamos a continuación con regularidad.

Utiliza la fuerza, sí, pero ¿cómo?

Aquí tienes algunos métodos comunes que puedes utilizar para hacer copias de seguridad de tus datos:

1. El primer nivel de copias de seguridad son las **memorias USB** o lápices de memoria. Estos dispositivos han avanzado mucho en los últimos años y ahora pueden almacenar una cantidad bastante considerable de información. Algunos superan los 64 GB de capacidad y constituyen una excelente forma de transferir datos de un ordenador a otro. Este tipo de dispositivo también es útil para hacer copias de seguridad de archivos que puedas necesitar. Por ejemplo cuando vas a visitar a un cliente para enseñarle una presentación o a participar en una conferencia y has enviado por correo electrónico con antelación el archivo, es conveniente que lleves tu propia copia en una memoria USB de tal forma que anticipes cualquier problema que pueda surgir.

Rookieconsejo

Aunque hayas enviado por adelantado tu presentación en PowerPoint a los organizadores de la conferencia, puede que cuando llegues te encuentres con que el destinatario no ha podido abrir el archivo. Si tienes un lápiz de memoria a mano, no tendrás que realizar tu presentación con una pantalla en blanco.

2. El segundo nivel son los **CD/DVD.** Existen CD/DVD grabables y regrabables. Los grabables son aquellos que permiten una única escritura completa del soporte (aunque permiten grabar por sesiones incrementales, es decir, que podremos grabar en diferentes momentos hasta que el disco esté lleno). Los CD/DVD regrabables permiten borrar datos y reutilizar los soportes virtualmente sin límite.

Los CD tienen una capacidad máxima de 800 MB, mientras que los DVD tienen una capacidad máxima de hasta 8,5 GB (aunque también hay DVD poco habituales con una capacidad de hasta 16 GB). La ventaja que ofrece este soporte es similar a la de los lápices de memoria: permiten traspasar eficazmente una gran cantidad de material y guardarla en un lugar seguro o enviarla a un tercero de forma segura y sencilla con un coste muy bajo.

En la actualidad los discos BluRay están empezando a adentrarse en el mercado profesional como soporte de grabación (con una capacidad máxima de 50 GB). El precio de los discos y de las grabadoras es relativamente alto y los lectores en los ordenadores no están universalizados en la misma medida que los lectores DVD. Sin embargo la rápida sustitución de los CD por los DVD anticipa un probable salto hacia ese nuevo soporte.

3. Discos duros externos. No hace falta explicar lo que son, ¿verdad? Se trata exactamente del mismo tipo de disco duro que hay dentro de tu ordenador, pero en una elegante y brillante carcasa. Ésta tiene diferentes tipos de conexión al ordenador (es decir, que puede utilizar tres tipos de cables para conectarse): USB, *firewire* y eSATA (USB es

la más común, aunque las conexiones *firewire* y eSATA son mucho más rápidas y fiables en la transmisión de datos. Su capacidad está aumentando al ritmo que disminuye su precio, lo que los convierte en una opción muy atractiva para almacenar datos.

Hablamos de poder disponer de discos relativamente poco profesionales de hasta 1TB (1.024 GB) por un precio realmente asequible y discos más profesionales capaces de almacenar a partir de 1TB, que además incluyen programas preinstalados que gestionan automáticamente las copias de seguridad de todos los datos, incluyendo los sistemas operativos.

4. **Disco duro interno adicional.** Al igual que en el caso de los discos duros externos, puede que prefieras tener ese segundo disco instalado dentro de la carcasa de tu ordenador. La instalación de un disco duro secundario no es complicada, pero sí requiere unos conocimientos básicos del funcionamiento interno de un ordenador, así que tal vez necesites que un técnico realice la instalación.

   Para aumentar la fiabilidad y la seguridad de un disco duro secundario, puedes instalar un RAID. RAID son las siglas en inglés de *Redundant Array of Independent Disks* (Matriz Redundante de Discos Independientes). Requiere la instalación de dos discos duros de igual tamaño y de un controlador RAID (normalmente tu ordenador tendrá uno de serie). Éste, copia toda la información recibida en ambos discos al mismo tiempo, lo que se conoce como espejo. La ventaja de este sistema es que si el disco principal falla, el sistema seguirá funcionando sobre el disco duro secundario sin mayores problemas. Igualmente alertará de forma automática al usuario cuando detecte cualquier fallo en los discos. En cualquier caso este sistema no es la solución ideal, ya que si ocurre un problema grave en tu ordenador, ambos discos duros podrían verse afectados.

Rookieconsejo

Los sistemas de copia de seguridad no son redundantes. Aunque suene obvio tenemos que recordarte que cuántas más copias tengas y en mayor número de soportes diferentes, mayor seguridad tendrás.

5. **Copias de seguridad en cinta.** Permite hacer copias de seguridad de múltiples ordenadores dentro de la empresa, basta con que estén conectados a la red local de la empresa. De su gestión se encarga un robot que manipula automáticamente las cintas y se encarga de hacer mapas de la información para localizarla fácilmente.

6. **Almacenamiento en línea.** El abaratamiento del coste de los discos duros ha desembocado en que muchos proveedores de hospedaje en línea ofrezcan espacio para que las empresas y los particulares puedan hacer sus copias de seguridad por un precio razonable o incluso gratuitamente. El aumento del ancho de banda también permite el tráfico relativamente rápido y fiable. El principal problema de este sistema es la privacidad y los problemas de seguridad que puedan derivarse de posibles ataques llevados a cabo por piratas informáticos.

Rookieherramientas

La tecnología nos ayuda a simplificar muchas gestiones de nuestro día a día, pero también puede suponer una importante pérdida de tiempo si no se utiliza correctamente e incluso un inconveniente grave si algo falla. Como defensor a ultranza de la buena gestión del tiempo, saca el máximo partido a la tecnología anticipando los problemas que puedan surgir.

- Actualiza tus sistemas y sustituye los equipos cuando sea necesario (pero no caigas en la tentación de hacerlo únicamente por tener el último modelo).
- Familiarízate con todas las prestaciones de tu ordenador y utiliza mecanismos y dispositivos que te permitan ahorrar tiempo.
- Contrólate a la hora de navegar por la Red y márcate un límite de tiempo.
- Utiliza las telecomunicaciones de forma eficiente, especialmente todas las funciones automáticas que te ayudarán a ahorrar tiempo.
- Utiliza la tecnología móvil y aprovecha las ventajas de la oficina portátil.
- Recuerda: lo bueno, si breve, dos veces bueno.

Rookie en acción: algunas personas trabajan muy bien con el ordenador y otras no tanto. Seas del tipo que seas, cuida tu relación con la tecnología en lo que respecta a la gestión del tiempo y del estrés. Si te encanta trabajar con ordenadores, es probable que dediques demasiado tiempo a jugar con sus nuevas prestaciones en lugar de a trabajar. Si, por el contrario, no te llevas muy bien con ellos y eres un poco reacio al cambio, es posible que no los estés aprovechando adecuadamente y te lleve más tiempo del necesario hacer tu trabajo. La clave reside en disfrutar de los beneficios de la tecnología a la vez que cuidas los hábitos de gestión del tiempo.

Cosas que voy a hacer...

Cosas que necesito que otros hagan por mí...

Si estás intentando aprovechar al máximo tu tiempo y mantener tu estrés dentro del límite de la normalidad, te encontrarás dos cosas que continuamente conspiran contra tu éxito: las personas y el papel. Si ambas están demasiado presentes en tu trabajo, afectarán a tu organización e interrumpirán constantemente tus progresos. En este capítulo aprenderás cómo controlar el exceso de papeles y mantener la mesa (y la mente) despejadas.

CAPÍTULO 8

El papel, ladrón de tiempo

¿Papeleo? No, gracias

El papeleo puede hacer perder los nervios a la persona más templada y serena que conozcas. Piensa en las horas que dedicas a cumplimentar formularios, para después procesarlos, difundirlos, almacenarlos... El papel puede convertirse en tu pesadilla. Estudios recientes indican que dedicamos cerca de 175 horas al año buscando información que no recordamos dónde la guardamos (la cifra aumenta si incluimos los documentos electrónicos). La eficiencia en la gestión del tiempo es directamente proporcional a tu capacidad de encontrar la información adecuada en el menor tiempo posible. Malas noticias para ti y para la selva amazónica (que está siendo destruida entre otras razones por nuestra ineficiencia): el 60% de la información que tienes en papel es desechable o irrelevante.

Si deseas controlar el papel que gastas, formúlate las siguientes preguntas:

- ¿Qué información es importante?
- ¿De qué forma debería guardarse?
- ¿Cuánto tiempo es necesario conservarla?
- ¿Quién necesita saber dónde está?

La actitud ante el papel se polariza en dos tendencias. Por un lado están los *adoradores del papel:* Leen todo lo que les cae en las manos ávidamente y lo guardan, independientemente de que sea relevante, útil o intrascendente. Sus casas y oficinas parecen museos y están repletas de pilas y pilas de viejos periódicos, revistas, informes, cartas, postales de compañeros, listados o sobres usados. Porque están convencidos de que, algún día, todo este material les podrá servir de algo.

En el otro extremo se encuentran los *papelofóbicos*. Huyen de él, lo que les convierte en *personas peligrosas:* o bien tiran todo el papel que pasa por sus manos sin haberlo leído, o lo dejan intacto, sin abrir, en montones que nunca leen. Recientemente, en una revista sobre gestión, contaban el caso de un directivo que, mientras buscaba a alguien que ocupase la vacante del puesto de su asistente, había guardado en un cajón durante seis meses todas las cartas dirigidas a él sin abrir. Cuando contrató a su nuevo asistente, éste descubrió la pila de cartas y tuvo que dedicar varios meses para ponerse al día.

El control del papeleo se basa en los mismos pilares que la gestión del tiempo y el estrés: autodisciplina y organización. Si eres de los que no les gusta el papel, no utilices la estrategia de las avestruces. Esconder la cabeza no hará que el problema desaparezca, todo lo contrario, no dejará de crecer.

El método de las 5 Ds

El método más apropiado, sencillo y rápido para solucionar el problema del papel se basa en cumplir con las 5 Ds:

- **D**edícate a solucionarlo (podría tratarse de algo urgente e incluso haber vencido el plazo de algún documento).
- **D**ecídete (decide qué hacer con él, no lo acumules de nuevo en la pila de papeles).
- **D**elégalo (llévalo a otro lugar).
- **D**eposítalo (archívalo en un lugar apropiado de fácil acceso).
- **D**escártalo (tíralo a la basura: si no tiene valor hoy, no lo tendrá mañana).

Rookieconsejo

El método más apropiado, sencillo y rápido para gestionar correctamente el papeleo se basa en cumplir con las 5 Ds: **D**edícate a solucionarlo, **D**ecídete, **D**elégalo, **D**eposítalo y **D**escártalo.

Dedícate a solucionarlo

Con el papeleo la mejor estrategia es solucionarlo de inmediato. Ahora. No luego. No mañana. Ahora. ¿Qué acción tienes que realizar? Toma una decisión y hazla realidad. ¿Necesita este papel una firma (tuya o de otra persona)? ¿Tienes que extender un cheque antes de remitir el papel? ¿Es una carta que requiere contestación? ¿Bastará con una llamada o un correo electrónico? Sea cuál sea la acción requerida, hazla ya.

Decídete

Tomar decisiones es una técnica de gestión del tiempo válida tanto para las personas como para el papel. Decide a dónde quieres derivar esa carta, ese contrato, esa propuesta... Normalmente tendrás distintas posibilidades. Quizá debas remitirlo a otra persona, para su información o para que te dé una respuesta. Tal vez tengas que archivarlo. Si te da la sensación de que es irrelevante, pero no estás del todo seguro, hazle una marca y revísalo al cabo de una semana. Si cuando vuelva a reaparecer en tu bandeja de papeles pendientes todavía no te has decidido, descártalo.

Delégalo

¡Ah, el arte de la delegación! Quien posee esta habilidad, atesora un gran recurso que funciona igual de bien tanto con las personas como con los papeles. En el siguiente capítulo trataremos en mayor profundidad la delegación en relación con las personas pero centrándonos en el asunto del papel piensa que si puedes delegarlo, ahorrarás un tiempo valioso. Antes de delegar piensa si se trata de algo que no puedes o no estás dispuesto a hacer o si es una tarea que deberías descartar. En esos casos no lo delegues, toma tú la decisión en lugar de pasar un problema a un compañero o a un subordinado. Delegar es una decisión importante sobre la que tienes que reflexionar porque si no corres el riesgo de contagiar tu ineficiencia al resto. En cualquier caso, piensa siempre que las funciones administrativas que puedan gestionarse de forma rutinaria son susceptibles de ser delegadas con total tranquilidad.

Deposítalo

¿Dispones de un sistema de archivo? Y no hablamos de esos montones de papeles que acumulas sobre la mesa. Por ejemplo, si has descubierto un artículo en el periódico o una revista que te interesa leer, haz una marca en la página correspondiente y archívala en tu carpeta de *cosas para leer* o en algún otro lugar fácilmente localizable. Si dispones de una carpeta de cosas para leer, asegúrate de echarle un vistazo todos los meses. Si está repleta de papeles de más de seis meses de antigüedad, parece claro que nunca encontrarás tiempo para leerlos, ¿verdad? Parece que es un buen momento para visitar el contenedor de reciclaje más cercano.

Descártalo

Si hay algo que no utilizas, no lo guardes por si acaso algún día tuviera utilidad. La mejor forma de mantener a raya el exceso de papeles, es tirarlos si no son útiles. Utiliza tu papelera creativamente y sin miedo. No acumules papeles innecesarios. Si revisas tus documentos con regularidad, no se amontonarán y así no saturarás tu espacio de trabajo o tu mente.

Rookieconsejo

El papel sólo tiene dos destinos: el archivo o el reciclaje.

La lectura

En el apartado anterior, te sugeríamos crear una carpeta (¿o deberíamos decir una pila?) de papeles a los que quieras echar un vistazo. Algunas personas, abrumadas por la cantidad de papeles que tienen en su mesa, comienzan a derivar una gran cantidad de documentos a esa pila de cosas para leer. Para evitar que esta carpeta se descontrole, fíjate un límite de tiempo para leer su contenido. Un mes es un plazo adecuado: menos puede resultar insuficiente y puede hacer que no leas algo interesante; más tiempo significará que probablemente no lo hagas nunca.

Un consejo útil para limitar el tamaño de la carpeta de lectura, es fechar el artículo dos veces. Anota la fecha en que lo recibes o en la que decides apartarlo para leerlo en otro momento, y la fecha en la que tienes que haberlo leído. Si se trata de algo relacionado con una conferencia o reunión que tienes dentro de dos semanas, asegúrate de haberlo leído antes de la reunión, después será tarde. No dejes el papel en tu mesa, ya que puede que lo pierdas o lo olvides. Una forma sencilla y eficaz de archivar tus documentos de lectura es utilizar un archivador de fuelle con 31 apartados, uno para cada día del mes. Pon el artículo en el apartado correspondiente unos días antes de la fecha en que lo tengas que leer. Mira el archivador todos los días para que no se te pase nada importante.

Otra versión de esta carpeta es la Regla 43. Guarda en un cajón 31 carpetas colgantes numeradas del uno al 31. Añade otras etiquetadas del uno al doce. Las primeras hacen referencia a los días del mes actual. Las segundas representan el resto de meses del año. Ahora ya tienes dónde almacenar los papeles (para leer, tramitar, contestar para una fecha, etc.) que te vayan llegando a diario durante el resto del presente mes, y durante todos los meses que siguen hasta el año siguiente. Al principio de cada mes, vacía el contenido de la carpeta de ese mes y repártelo entre las 31 secciones según corresponda.

Archiva los documentos

¿Te gusta archivar o te desagrada profundamente? ¿Es una de esas actividades de la categoría C que nunca consigues hacer? Algunas personas aborrecen tanto el acto de archivar, que tienen que utilizar múltiples tretas para hacerlo. Éstas son algunas de ellas:

- Poco a poco: reparte tu tarea en diferentes sesiones.
- Recompénsate: si realmente te cuesta tanto archivar papeles, prémiate cuando hayas terminado.
- La regla de los diez minutos: si no puedes soportar ponerte a archivar, dedica solo diez minutos al día (tendrás que hacerlo todos los días).
- A primera hora: archiva antes de empezar a hacer otras cosas para quitártelo de encima.

Sea cual sea el método que utilices para archivar, procura que sea sencillo. Si te entretiene demasiado no estarás siendo eficiente.

Rookieconsejo

Procura utilizar un método sencillo para archivar tu información. No estarás siendo realmente eficiente si este proceso te roba demasiado tiempo.

Mantén tu mesa despejada

Si sabes que tienes tendencia a acumular papeles, tu objetivo debe ser mantener tu mesa despejada. No coloques ningún tipo de bandeja sobre la que acumular documentos pendientes.

Fomentarás que otros te pasen trabajo y, a no ser que seas muy disciplinado, los papeles permanecerán siglos sin leer en tu mesa hasta que desaparezcan de tu vista por culpa de, ¿adivina qué? Sí, más papeles.

No te preocupes si algunas personas asocian una mesa despejada a una mente vacía. De hecho, suele ser al contrario. La mayoría de las personas funcionan con mayor eficacia y eficiencia en un espacio de trabajo limpio y ordenado. Si conoces a alguien que piensa que, por tener más pilas de documentos, trabaja más que sus compañeros, está completamente equivocado. Si acumulas grandes cantidades de papel, corres el peligro de que desvíen tu atención y te distraigan de lo que estás haciendo.

Rookieconsejo

Libera tu mesa y déjala despejada, de forma que sólo estén visibles los objetos que más utilizas.

Antes de comenzar una tarea que requiera mucha concentración, asegúrate de que sólo tienes a la vista los documentos que necesitas. Esto reducirá tu capacidad de distracción. Si evitas distraerte, tendrás menos estrés y avanzarás en la tarea con mayor facilidad.

¿Te gusta coleccionar cosas? ¿Adornas tu escritorio con postales o con las fotos de la última fiesta de la oficina? ¿Qué hay de todos esos artilugios, esos bolígrafos multicolores que no funcionan, ese pisapapeles que apenas utilizas, por no hablar de esas chinchetas que guardas (aunque no tengas ningún corcho a tu alrededor)? No acumules trastos. Si no quieres deshacerte de ellos, simplemente guárdalos en el fondo del último cajón de tu mesa. Si al cabo de un mes no lo has abierto para sacar alguno de esos valiosos objetos, puedes vaciarlo. Será una experiencia liberadora y dejarás de perder tiempo mirando qué es lo que guardas ahí por si algún día lo necesitaras.

Merece la pena mencionar el tema de la propaganda (en su versión en papel, no electrónica). Mucha gente pierde un tiempo precioso, que podrías dedica a tareas prioritarias, mirando las últimas ofertas y gangas que caen en su escritorio. No pierdas tiempo admirando libros, lujosos aparatos, ligeros portátiles y otros tentadores artilugios tecnológicos que no necesitas. El tiempo es oro, y la propaganda es uno de los mayores ladrones de tiempo.

Libérate del exceso de papeles revisando anualmente las carpetas o el material archivado para, como un jardinero, *quitar las malas hierbas*. ¿Acumulas mucho material antiguo del que deshacerte? Tirar papeles (destruyendo aquellos los que sean de naturaleza confidencial, naturalmente) es una tarea mucho menos peligrosa que el estrés que produce el exceso de información. Si no estás abrumado por un exceso de información innecesaria, tampoco abrumarás a los demás con ella. Cuanto más concisa sea la información que distribuyes a tus compañeros, más atención te prestarán, lo que mejorará tu consideración (redundando en tu autoestima) y tu desarrollo profesional.

Rookieconsejo

No te sobrecargues de información innecesaria y evitarás asfixiar a tus compañeros con ella. Cuanto más conciso y claro sea lo que transmites a los demás, más atención te prestarán y mejor consideración tendrán sobre ti (lo que redundará en tu desarrollo profesional y en tu autoestima).

¿Llevas maletín para trabajar? ¿Qué llevas dentro? Si su contenido es similar al del último cajón de tu mesa, es probable que ni siquiera sepas cuántos trastos llevas contigo todos los días. No permitas que el papel inunde todos los espacios de tu vida. Si cuando abres el bolso en el camino de vuelta a casa, para buscar el libro que estás leyendo, ves un documento que deberías haber dado a tu jefe esa mañana, aumentará tu nivel de estrés. Sé un gestor del tiempo eficaz, mira en tu bolso o maletín todos los días y evitarás sorpresas ingratas.

Rookieherramientas

Todo este capítulo está dedicado al papel. Te guste o no, todavía trabajamos con una gran cantidad de documentos. No malgastes tu valioso tiempo buscando algo que crees que podrías tener, pero que no estás seguro de saber dónde está exactamente. Has aprendido diferentes estrategias para saber qué hacer con el exceso de papeles. La mejor de todas, una sencilla y fácil de poner en práctica, es el método de las 5 Ds:

- **D**edícate a solucionarlo.
- **D**ecídete.
- **D**elégalo.
- **D**eposítalo.
- **D**escártalo.

Si tienes mucho material pendiente de lectura, imponte un límite de tiempo. Si no has conseguido leerlo en un mes, seguramente no lo harás nunca. Archiva los documentos que necesites conservar y organiza para ello un sistema sencillo y de fácil acceso. No permitas que los papeles invadan tu mente o tu mesa. Dedica tiempo a despejar tu oficina, tu mesa o tu espacio de trabajo. Cuando lo hayas hecho, te sorprenderá comprobar que te sientes mucho más libre.

Rookie en acción: gestionarás mejor el tiempo si no tienes montones de papeles que te distraigan. Amplía tus habilidades de gestión del tiempo adoptando algunas tácticas que te permitan manejar mejor el exceso de papel. Puede que en tu ordenador haya espacio suficiente para guardar todos los correos electrónicos que recibes, pero si tuvieras que guardar todas las cartas que llegan a tu bandeja, probablemente tu escritorio se hundiría por el peso. Controla el exceso de papeles para que él no te controle a ti.

Cosas que voy a hacer...

Cosas que necesito que otros hagan por mí...

En ocasiones, las personas pueden ser los peores ladrones de tiempo. Esta afirmación puede parecer dura pero, como sabes, es importante gestionar bien el tiempo, y perderlo tiene un coste muy alto que no deberíamos asumir nunca. Tu jefe, tus compañeros, tus subordinados, tus proveedores... son importantes, pero no a costa de tu trabajo. Muchas veces intentamos sacar el máximo partido de nuestro tiempo pero quienes nos rodean interfieren en el proceso. Tu tarea en este aspecto debe ser conciliar tareas y personas, de forma que obtengas siempre los mejores resultados. Para ello necesitas autodisciplina y la capacidad de delegar, además de otras cosas que aprenderás en este capítulo. Delegar para desarrollar y mejorar tu rendimiento es fundamental y, si lo haces bien, es posible que consigas que el resto mejore contigo.

CAPÍTULO 9

Peligro: las personas también roban tiempo

Delega

Delegar ayuda a ganar tiempo, algo que a todos nos gustaría saber hacer. Muchas personas se quedan bloqueadas en las tareas administrativas rutinarias. Esto les quita tiempo para realizar las tareas importantes que realmente deberían hacer, por ejemplo tareas estratégicas típicas como la planificación a largo plazo y el desarrollo de negocio.

La delegación de tareas es una técnica fundamental de gestión del tiempo. Puede definirse como el acto de traspasar a alguien la responsabilidad de una tarea que forma parte de tus competencias. Delegar no es una tarea fácil y siempre entraña un riesgo, ya que se trata de encargar a otra persona una tarea de la que tú eres el último responsable.

Rookieconsejo

Delegar no es sencillo. Siempre entraña un riesgo ya que se encarga a otro un trabajo del que uno es el responsable final.

Cuando alguien delega en ti, te está encargando una tarea que tiene la obligación de llevar a cabo eficazmente. No lo estropees, o puede que no vuelvas a tener la oportunidad de trabajar con esa persona.

La gran ventaja de delegar eficazmente es que ayuda a las personas que trabajan contigo a desarrollar sus habilidades y aumentan su compromiso con los objetivos de la organización. Cumplir eficazmente con una tarea que nos han delegado puede ser la llave para un ascenso en el escalafón profesional.

Asumir mayores responsabilidades mejora la autoestima y la satisfacción de los empleados en el trabajo. Las personas que delegan eficazmente tienen un personal más feliz y motivado, y experimentan menos absentismo y rotación entre sus subordinados. ¿No preferirías que tu jefe supiera delegar?

De hecho la solución típica que siempre surge cuando hablamos de ahorrar tiempo es delegar. Delegar eficazmente no es una tarea fácil. Exige un trabajo previo para saber qué tareas delegar, a quién pasárselas... pero también es fuente de satisfacción y de eficiencia.

Rookieconsejo

Cuando logres confiar plenamente en el trabajo de tus compañeros conseguirás ahorrarte mucho tiempo. Si lo haces y sale mal, debes preguntarte qué ha pasado y qué puedes aprender de esa mala experiencia para no cometer los mismos errores en el futuro. Aprender a delegar no es fácil pero merece la pena intentarlo.

La mayoría de las veces, entendemos que delegar es pedir a alguien que realice un trabajo o que asuma una tarea. Pero esto no es delegar, porque lo que realmente hacemos es endosar a esa persona una tarea que no nos gusta hacer sin preguntarnos si es capaz de hacer frente a esa responsabilidad o sin permitirle que desarrolle sus competencias porque confiamos la tarea, no la responsabilidad. En la mayoría de los casos nadie se ha parado ha estudiar detenidamente cómo implantarla. Con unos antecedentes de este tipo ocurre lo esperable: las cosas salen mal, se producen crisis, decepciones, etc. y todos los implicados terminan decepcionados. Si quieres gestionar bien el tiempo y mantener la calma, debes aprender a hacerlo y, además, hacerlo bien.

Ya seas tú quien delegue o quien reciba la delegación, vamos a enseñarte las técnicas para la delegación perfecta que te permitirán aprender a delegar eficazmente y comprobar que se hace correctamente.

Rookieconsejo

Da igual cuál sea tu papel en la delegación: lo importante es que la tarea se lleve a cabo correctamente.

Cómo asignar o repartir una tarea

Si estás intentando desesperadamente ahorrar tiempo, parece razonable comprobar si hay alguna tarea que puedas o debas derivar a un compañero o subordinado. Ten en cuenta que algunas tareas son rutinarias y repetitivas, y otras no. La clave de una buena delegación es medir la disponibilidad y las habilidades de las personas. Cuando alguien te delegue cualquier tarea, asegúrate de contar con la formación necesaria para realizarlas y si no es así, infórmale para que busquen un sustituto o te proporcionen la formación necesaria.

Cuando delegues una tarea, puedes conservar la responsabilidad para tomar decisiones relacionadas con el curso de la actividad. O, si lo deseas, puedes llevar la delegación un paso más allá y ceder la autoridad para decidir al otro miembro del equipo. Esto motiva a la otra persona y es un ejemplo excelente de por qué delegar puede ser tan beneficioso para la persona en quien se delega.

Razones para no delegar

No todas las tareas son susceptibles de ser delegadas. Pero debes aprender a valorar que, cuando es conveniente delegar, debes hacerlo. Evita excusas del tipo «es más fácil que lo haga yo». El resultado es una mayor carga de trabajo para ti y un golpe a la moral del otro. Puede que también manejes cualquiera de las siguientes razones para no delegar:

- No comprendes la necesidad de delegar o no sabes cómo hacerlo.
- No confías en los miembros del equipo y, en consecuencia, no les concedes la autoridad para tomar decisiones.

- «Es que nadie más puede ayudar»: Tu capacidad de liderazgo es deficiente y generas incapacidad para cultivar y desarrollar habilidades entre los empleados con menos experiencia.
- Crees que delegar es una forma de mostrar falta de capacidad.
- Anteriormente intentaste delegar pero fracasaste, así que evitas volver a intentarlo.
- Disfrutas realizando la tarea que deberías delegar, de forma que te aferras a ella aunque sabes que otro miembro del equipo sería igualmente capaz de llevarla a cabo.
- Te sientes culpable al delegar. Valora objetivamente la carga de trabajo de quienes te rodean y pregúntales. Como responsable ellos muy probablemente esperarán que delegues.
- Tienes miedo de no ser indispensable, así que crees mejor no ceder ningún trabajo.

Puede que no seas tú quien muestra estos síntomas sino quien tendría que delegar en ti. Si es así, tu obligación es llamar su atención sobre este tipo de comportamientos porque ninguna de estas razones es justificable en un contexto profesional. Las personas que se muestran reacias a delegar bien porque sienten que eso reduce su control sobre la tarea o bien porque consideran que las personas en las que ha de delegar no son aptas o adecuadas, deberían hacer un ejercicio de reflexión para poder tomar el control. Delegar eficazmente es imposible si crees que el riesgo de delegar supera sus beneficios. Naturalmente, entraña un riesgo, y es posible que las tareas no se realicen correctamente en un principio, pero eso no debería desanimarte a hacerlo porque los beneficios que puedes obtener son inmensos.

Rookieconsejo

Delegar eficazmente es imposible si crees que el riesgo de hacerlo supera al beneficio. Como es natural, tiene sus peligros y es posible que las tareas no se realicen en un primer momento de manera correcta pero eso no debería hacerte desistir porque a largo plazo los beneficios que puedes obtener son muy grandes.

Delegar es una habilidad

No te preocupes si te has identificado con alguna de las razones anteriores para no delegar. Como ocurre con la mayoría de las habilidades, la capacidad de delegar se puede adquirir. Si eres capaz de hacerlo bien o de detectar dónde se han equivocado los demás, ahorrarás mucho tiempo porque cuando te toque delegar una tarea, ya sabrás cómo no hay que hacerlo. Recuerda que la recompensa más importante de delegar eficazmente es que te permitirá abordar todas aquellas tareas importantes, pero no urgentes, que normalmente no realizas.

A continuación te damos algunos consejos para que delegues eficazmente:

- Planifica la delegación con antelación.
- Piensa detalladamente qué quieres que se haga. Define un objetivo específico.
- Ten en cuenta qué grado de orientación y apoyo necesita la persona en la que vas a delegar.
- Da las instrucciones de forma adecuada. Comprueba que se han comprendido.

- Establece fechas de revisión. Comprueba que han quedado claras.
- Establece un tiempo de seguridad, al final, para subsanar errores.
- Delega tareas completas siempre que sea posible, evita delegar por partes.
- Informa a todas las personas involucradas.
- Una vez hayas delegado, apártate. No te quedes por allí revoloteando.
- Acepta que el trabajo no se haga exactamente como lo habrías hecho tú.
- No le busques los tres pies al gato.
- Delega, pero no te quites la responsabilidad de encima.
- No delegues en el último minuto: casi con seguridad el trabajo no se realizará correctamente y corres el riesgo añadido de que no se realice a tiempo.

Cuando delegues, considera en primer lugar estas tareas: tareas rutinarias cuyo progreso es mensurable; tareas que se pueden planificar con antelación; y tareas por las que algún miembro de tu equipo ha expresado un auténtico interés.

Rookieconsejo

Las tareas rutinarias cuyo progreso es mensurable; las tareas que se pueden planificar con antelación; y las tareas por las que algún miembro de tu equipo ha expresado un auténtico interés son las primeras en las que deberías pensar cuando planifiques delegar parte de tus responsabilidades.

No delegues solamente tareas desagradables. Debes ofrecer a tus subordinados la posibilidad de realizar tareas de diferente tipo. Pero tampoco asumas tú todas las actividades menos agradables pensando que no quieres que el resto perciba que estás escurriendo el bulto. Delegar este tipo de tareas es justo si tú las has hecho alguna vez. La vida nos ha enseñado a todos (o, al menos, deberíamos haberlo aprendido) que no todas las tareas son amenas.

Cosas que puedes delegar

Existen infinidad de cosas que puedes y debes delegar. ¿Por qué debes hacerlo? En algunos casos se tratará de una razón puramente práctica: necesitas ahorrar tiempo para dedicarlo a otras tareas. Pero también puede ser que otras personas hagan el trabajo más eficientemente que tú. Trabajar eficientemente implica que debes delegar con cierta planificación, no cuando tu día a día te asfixie y no tengas más escapatoria que hacerlo.

Piensa en los siguientes tipos de actividades que haces y que son las más sencillas de delegar:

- Tareas que debería hacer otra persona o departamento.
- Tareas que precisan mucho tiempo y no requieren tomar decisiones.
- Tareas repetitivas que requieren tomar decisiones y pueden favorecer el desarrollo de un miembro del equipo.

La mejor manera de proceder es establecer un plan y un calendario para la delegación. Planificar una delegación eficazmente puede llevarte entre ocho y doce veces más (en tiempo efectivo), que si hicieras la tarea tú mismo. Lo creas o no, esto es así. Y puede que ese sea un gran obstáculo para empezar a delegar, pero el tiempo que dediques hoy a delegar eficientemente será tiempo multiplicado que ganarás en el futuro.

Tareas que no debes delegar

Evidentemente, hay muchas cosas que no se pueden ni se deben delegar. Este es otro aspecto importante de la gestión eficaz del tiempo, similar a las reglas que regían lo importante frente a lo urgente y la eficiencia frente a la eficacia. En este caso, se trata de lo que se debe o no se debe delegar.

Entre las tareas que no debes delegar están las siguientes:

- Búsqueda de oportunidades de negocio para la empresa.
- Definición de las metas y los objetivos estratégicos.
- Creación de planes de alto rendimiento para el departamento.
- Coordinación general de la actividad: saber qué tarea hace falta llevar a cabo, conocer las habilidades y necesidades de los empleados y los recursos disponibles, y combinar todo ello para lograr resultados óptimos.
- Comunicación con los empleados, los gerentes y los compañeros.
- Formación y evaluación de tu equipo.

Rookieconsejo

Si consigues liberarte para hacer las tareas que solamente tú puedes hacer, estarás gestionando bien tu tiempo y controlando tu estrés. De no hacerlo, se convertirá en una labor engorrosa.

Cómo delegar eficazmente

Una vez hayas identificado a alguien en quien puedas delegar una tarea, averigua si su carga de trabajo le permite asumirla. Es fundamental que los objetivos sean claros e inequívocos. La persona no debe tener ninguna duda sobre qué se espera de ella. La orden «quizá podrías asumir la gestión de este proceso a partir de ahora» es vaga y se presta a confusiones. Los resultados deben ser mensurables: recuerda el acrónimo SMART.

Debes especificar todas las tareas que hayas considerado aptas para su delegación. Debes establecer claramente:

- Objetivo o propósito de la tarea.
- Método desarrollado para llevarla a cabo.
- Información necesaria y dónde/de quién obtenerla.
- Soporte o equipo requerido para llevarla a cabo.
- Quién tiene la responsabilidad.
- Categorización detallada de las decisiones que hay que tomar.
- Identificación de los responsables de la toma de estas decisiones.

Cuando delegues una tarea, la preparación o formación de la persona en quien delegues será tu responsabilidad. Debes, por tanto, conocer el trabajo de esa persona, conocer la tarea y hacer, al principio, un seguimiento riguroso del proceso. A medida que las cosas avancen, te sentirás más confiado y podrás dar más libertad para simplemente supervisar el buen curso de la actividad. Ten siempre en mente que lo importante es que el trabajo se haga y que hay diferentes formas de llevarlo a cabo (la tuya no tiene porqué ser la mejor). No hay nada de malo en que se realice de otra forma, siempre que el resultado sea el deseado, la calidad aceptable y se respeten los plazos.

Rookieconsejo

Permite que los empleados realicen las tareas de una forma acorde con su personalidad y su forma de trabajo. Así trabajarán más cómodos y se sentirán más implicados con la consecución del objetivo.

Rookieherramientas

Delegar es una tarea compleja, pero debes intentar encontrar tiempo para aprender a hacerlo eficazmente. Una vez lo hayas logrado, ahorrarás una gran cantidad de tiempo. Una de las cosas más importantes que debes recordar es que tienes que alentar a la persona en la que delegas para que asuma la tarea en su totalidad. Cuando delegues, no te quedes revoloteando alrededor de la otra persona. Si ésta se topa con un problema, puedes sugerirle posibles soluciones y permitirle que elija la que prefiera. Si impones tu solución, habrás vuelto a asumir la responsabilidad de la tarea, quitándosela a quién debería haber elegido cómo resolver la dificultad. Esto le desmotivará y desanimará a la hora de asumir nuevas responsabilidades en el futuro.

Intenta decidir, por adelantado, qué recursos van a ser necesarios. Si quieres delegar eficazmente, también debes saber transmitir a la otra persona los beneficios que le reportará realizar la tarea, y dejarle espacio para que demuestre su iniciativa.

No olvides retroalimentar el trabajo con tu evaluación. Éste es un factor fundamental del éxito de la delegación, que se debe utilizar de vez en cuando mientras dure la tarea. Una evaluación eficaz permite, a la persona que la recibe, mejorar su rendimiento y no perder de vista la verdadera dimensión de sus problemas y preocupaciones. La evaluación debe ser constructiva y lo más específica y objetiva posible. La mayoría de las personas están dispuestas a asumir responsabilidades a cambio de reconocimiento. Agradecer a las personas su esfuerzo es extremadamente importante y, si es posible, debe hacerse también en público, por ejemplo en las reuniones del departamento.

Rookie en acción: la delegación se considera muchas veces un billete de ida, creyendo que resulta de ayuda exclusivamente para la persona que delega. Pero tiene un efecto doble: conlleva un beneficio considerable para quién delega y quién recibe el encargo de asumir una tarea. Si has sido elegido para desempeñar una tarea, ésta puede ser una buena oportunidad de potenciar tu desarrollo, tanto práctica como psicológicamente. Delegar no es encargar a alguien que haga algo. Para hacerlo eficaz y eficientemente debes saber cómo delegar (planificar, formar, evaluar...).

Cosas que voy a hacer...

Cosas que necesito que otros hagan por mí...

En este último capítulo aprenderás algunas técnicas más para controlar el estrés que, a su vez, te ayudarán a incrementar tu eficacia personal. También te vamos a dar unos consejos útiles, sencillos y muy prácticos para que mantengas los buenos hábitos que has aprendido en las páginas anteriores.

CAPÍTULO 10

Ya sabes cómo. Ahora debes mantenerte firme

Acaba con el estrés antes de que éste acabe contigo

Muchos empleados de oficina padecen un nivel de estrés inaceptable. Las razones que alegan son variadas, pero las cuatro principales son:

- Ordenadores estropeados.
- Sobrecarga de trabajo.
- Clientes difíciles.
- Compañeros molestos.

Es posible que ahora mismo te estés enfrentando a alguno de estos problemas. También puede ser que estés intentando frenéticamente poner en marcha todas las habilidades que has adquirido en este libro para impresionar a tu jefe o a tus compañeros y demostrarles que eres bueno en tu trabajo. En cualquier caso si cualquiera de las razones descritas ha hecho que te quedes trabajando hasta tarde, tu nivel de estrés habrá aumentado. Controlar ese estrés es mucho más importante de lo que piensas. Además de para evitar ansiedad o problemas serios que tal vez veas muy lejanos o como una exageración (pero están ahí, no lo olvides), planteátelo desde un punto de vista más práctico: cuando uno está estresado es menos eficaz.

Si trabajas para otra persona, puede que a veces pierdas el tiempo haciendo cosas inútiles. Si no entiendes por qué estás haciendo algo o te parece irrelevante o sin sentido, es probable que te estreses. Y aquí se presenta un doble problema: tu nivel de estrés aumenta porque dedicas horas y horas a trabajar en cosas triviales que te piden otras personas. Por mucho que trabajes, el resultado será el mismo. Como tu trabajo no produce resultados, te desmoralizas y te marchas a casa estresado. ¿Por qué? Porque lo que has estado haciendo durante el día no ha servido para nada. ¿Cuál es el resultado? Al día siguiente llegas estresado a trabajar por la cantidad de cosas que no hiciste el día anterior, pero de nuevo quienes te rodean te interrumpen, vuelves a tener que hacer cosas para otros que te impiden seguir avanzando en tu tarea... ¿Qué mejor ejemplo de círculo vicioso que éste?

Todavía estresado, te arrastras hasta el trabajo al día siguiente. Estás atrapado en la oficina entre las 9:00 y las 17:00 horas, porque ésta es tu jornada laboral. Durante ese tiempo, tus compañeros y tú, removéis papeles, generáis información innecesaria y os transmitís datos sin importancia ni relevancia alguna por medio de interminables y tediosas reuniones o de largas llamadas de teléfono y correos electrónicos. Tus (malos) jefes se afanan en crear actividades para que no te quede un minuto libre en el horario laboral y, de esta forma, tu tiempo pasa más deprisa (por esa sensación de estar ocupado sin tiempo para respirar). Tu presión sanguínea aumenta y tú comienzas a encontrarte mal...

Rookieconsejo

Para gestionar bien el estrés, la clave es hacer las tareas en el menor tiempo posible y conseguir el resultado esperado.

¿Cómo salir de esa situación? No es fácil pero debes trabajar para limitar tu estrés porque como decíamos antes puede terminar trasformándose en consecuencias negativas graves para tu salud, además de hacer (casi de forma inmediata) que seas menos eficiente en tu trabajo. Antes de continuar, aclaremos algunas cosas: para gestionar bien el estrés, o quizá sea mejor decir para eliminarlo, la clave es realizar las tareas en el menor tiempo posible y conseguir el resultado esperado.

Si tu jornada laboral consta de ocho horas, encontrarás actividades para rellenarlas. Pero si dispones de quince, ocuparás las quince. A la inversa, si hubiera una emergencia y tuvieras que dejar la oficina en dos horas, pero tuvieras que terminar alguna tarea, de algún modo te las arreglarías para finalizarla en ese período de tiempo, o delegarías eficazmente una parte. ¿Cómo puede ser que ocurra esto?

¿Recuerdas la Ley de Parkinson? La percepción de la importancia y la complejidad de una tarea es directamente proporcional al tiempo disponible para llevarla a cabo. Va de la mano (aunque a la inversa) del Principio de Pareto (o la Regla de 80/20). La diferencia reside en que la Ley de Parkinson establece que una tarea se percibe como más importante y compleja cuanto más tiempo se disponga para su realización. ¿Te dice esto algo? De manera que la fórmula mágica para derrocar el estrés es el plazo inminente. Es sencillo, ¿no?

Imagina que dispones de 24 horas para elaborar un informe y un examen detallados del rendimiento de la organización en los últimos doce meses. El jefe va a reunirse con los accionistas y los necesita en su mesa mañana a las siete de la mañana. ¿Podrás conseguirlo? Sí, porque te concentrarás en conseguir resultados. Lo bueno de los plazos ajustados es que te obligan a concentrarte en las cosas esenciales. No puedes perder tiempo en los detalles sin importancia. Si dispusieras de diez días para realizar una tarea, piensa en como afectaría a tu planificación. ¿Qué pasaría si tuvieras dos meses para hacerlo? Ni siquiera te lo plantees.

La ventaja de trabajar con un plazo ajustado es que, invariablemente, consigues un producto final de calidad igual o mayor, ya que focalizas tu atención en obtener resultados. Cuando el plazo es ajustado se obtienen beneficios tangibles. Trabajar rápido no significa trabajar con estrés, más bien podría ser al contrario porque disponer de un corto período para la ejecución de las tareas redunda igualmente en una mínima acumulación de los niveles de estrés. Además estaremos más dispuestos a realizar un esfuerzo incómodo si sabemos que no se extenderá mucho en el tiempo y que acabará en breve. Sin embargo, cuando desconocemos el período de duración de una situación desagradable, enseguida se tornará insoportable y estresante.

Cuando terminas un carrera estás agotado. Sin embargo la descarga de adrenalina que has experimentado para terminarla hace que te hayas liberado del estrés. Igual sucede cuando tienes un momento de aceleración laboral. El estrés empieza a diluirse entre tus endorfinas (hormonas que producen una sensación de placer tras realizar un esfuerzo) que se producen fruto de la satisfacción de llevar a cabo con éxito la tarea exigida dentro del plazo acordado. Te sientes satisfecho y toda la tensión acumulada ha desaparecido y no queda rastro del distrés (estrés negativo).

Otra forma de abordar la gestión del tiempo y del estrés

A veces no basta con saber cuáles son las tareas más importantes que debes realizar. Si no te impones un plazo estricto que te obligue a centrar tu atención en ellas, nunca las finalizarás. No malgastes más el tiempo estresándote, saltando de una interrupción o una tarea trivial a otra. Controlar el estrés antes de que éste acabe contigo es el primer paso para descubrir que has resuelto el problema de la gestión del tiempo.

Rookieconsejo

Fija un plazo que te obligue a prestarles toda tu atención a las tareas fundamentales que debes realizar, una vez que las hayas identificado, o correrás el peligro de no acabarlas jamás.

Una forma inteligente y útil de controlar el estrés y trabajar eficazmente es combinar el Principio de Pareto (el 20% del esfuerzo produce el 80% de los resultados) con la Ley de Parkinson (que nos enseña a reducir el tiempo que dedicamos a nuestras tareas, para no exagerar su importancia). Identifica las principales tareas que te permitan alcanzar el éxito en tu trabajo y prográmalas con plazos muy ajustados y claros. El resultado es una gestión eficaz de tu tiempo con un estrés mínimo.

La flexibilidad también es importante

Ya eres un experto en gestión del tiempo y del estrés pero falta que hablemos de un asunto: tu nivel de flexibilidad. Los cambios se producen sin que podamos hacer mucho por evitarlo. Algunas personas los ignoran, otras tratan de impedirlos. Puede que tú intentes aislarte de ellos, mientras que otros dedican una gran cantidad de energía para combatirlos. Si quieres trabajar eficazmente y eliminar el estrés negativo de tu vida, la capacidad de adaptarte al cambio influirá positivamente en tus perspectivas profesionales y dará un buen empujón a tu autoestima.

Rookieconsejo

Para trabajar de forma eficaz y eliminar el estrés negativo de tu vida debes potenciar tu capacidad de adaptarte al cambio ya que influirá de manera muy positiva en tu autoestima y te ayudará en tu proyección profesional.

Generalmente, las personas pasan por cuatro fases antes de asumir el cambio:

- **Negación**
  «Esto no va a funcionar nunca». «Ya lo hemos intentado». Seguro que conoces a los *avestruces* de tu organización. Por

mucho que escondan la cabeza para no ver el cambio, no conseguirán evitarlo.

- **Resistencia**
  Algunas personas se aferran a su modo tradicional de hacer las cosas. «Siempre lo hemos hecho así y siempre ha funcionado». La realidad es que cuanto antes identifiques los cambios y te adaptes a ellos, mejor será tu desarrollo profesional (y mejor será para tu presión sanguínea).
- **Exploración**
  El cambio no tiene por qué ser negativo, explorar otras vías puede tener ventajas que nunca hemos considerado. Si escudriñas el cambio con una mente más abierta, puede que empieces a descubrir algunas cosas positivas.
- **Aceptación**
  Cuando hayas llegado a esta fase, quizá ya hayas descubierto que el nuevo sistema funciona mejor de lo que habías imaginado. Es un hecho: el cambio ya forma en tu rutina.

No bloquees el cambio

Si tienes serias dudas sobre un nuevo método de trabajo que se ha introducido en tu organización, intenta tener la mente más abierta y, si ni así consigues verlo se constructivo con tus críticas. Imaginemos que tu jefe llega una mañana pletórico y explica que, a partir de ese momento, cierta actividad se va a hacer de una forma determinada. Si tu primera reacción es: «Qué idea tan ridícula: eso no funcionará nunca», no te sorprendas si tu jefe contraataca molesto.

Tienes derecho a tener tus propias opiniones pero debes buscar la mejor forma de expresar tus dudas. Por ejemplo, puedes responder diciendo: «Tu idea tiene sus ventajas, pero tal vez no sea el mejor modo de alcanzar el resultado que deseamos». Aunque sigues en desacuerdo, evitas una confrontación cara a cara y permites a tu jefe aceptar tus comentarios sin necesidad de entenderlos como una crítica personal y la conversación podrá continuar con normalidad. Es posible que tus palabras sigan encerrando la idea de *no me lo trago*, pero tu comportamiento es completamente diferente. Si tu jefe respeta tu punto de vista, responderá algo en la línea de «De acuerdo, sólo era una sugerencia. ¿Tú qué propondrías?».

De cualquier forma tu obligación ha de ser la de valorar con rigor las propuestas que otros presenten para cambiar los procedimientos. Debes estar alerta para no bloquear el cambio con tu comportamiento. Evitando este tipo de conflictos además también pones en práctica las habilidades de gestión del tiempo y del estrés que has adquirido. No debes permitirte tener una actitud de resistencia al cambio, a no ser que tengas algún argumento válido que aportar. Tampoco debes permitir que otras personas reacias al cambio alteren tu capacidad de trabajar eficazmente. Siempre habrá personas que intentarán hacerlo y que pueden impedir que progreses. Si se muestran inamovibles en sus opiniones, tu eficacia, tu productividad y tu nivel de estrés se verán afectados negativamente.

Rookieconsejo

No te resistas a cambiar tus hábitos, tus procedimientos o las habilidades que ya dominas y no permitas que personas poco permeables a los cambios interfieran en tu capacidad para trabajar con eficacia.

Mantente atento a las señales de alarma. Éstos son algunos de los comportamientos que manifiestan las personas que no aceptan el cambio:

- Siguen utilizando los métodos de trabajo antiguos, aunque deberían estar guiándose por las nuevas reglas.
- Evitan asumir nuevas tareas por miedo a tener que trabajar de una forma diferente.
- Intentan reducir el ritmo de las cosas y adaptarlo al suyo. El cambio exige, generalmente, una mayor velocidad, de forma que corren el riesgo de quedarse cada vez más y más atrás.
- Se hacen las víctimas o los mártires (no caigas en la trampa de sentir lástima por ellos ni les hagas el juego porque así reforzarás su comportamiento).
- Intentan controlar lo incontrolable. Esto es como intentar evitar que la marea alcance la orilla. Como experto en gestión del tiempo y del estrés, no malgastes energías resistiéndote al cambio, aprende a seguir la corriente.

Puede que identifiques este tipo de comportamiento en tu entorno laboral. Insistimos en que debes ser firme y no dejarte arrastrar por ellos. Si demuestras que estás dispuesto a emprender el cambio, tus superiores se darán cuenta del valor que aportas a la empresa. Tu actitud positiva y tu capacidad para reaccionar con flexibilidad a nuevas formas de hacer las cosas, serán un buen indicio de tu capacidad de adaptación. Tu receptividad ante el cambio será tu pasaporte al éxito.

Rookieconsejo

Si eres capaz de demostrar que estás dispuesto a emprender el cambio, tu jefe se dará cuenta enseguida del valor que aportas a la empresa.

Rookieherramientas

«Quien algo quiere, algo le cuesta» puede traducirse en el entorno laboral como «No hay éxito sin estrés». El estrés te permitirá alcanzar tus objetivos si eres una persona ambiciosa. El truco está en saber transformar ese distrés (estrés negativo) en estrés positivo. Para conciliar el estrés y la gestión del tiempo es necesario mantener un equilibrio entre ambos. Una persona sin estrés probablemente carecerá de metas elevadas y, por lo tanto, no se preocupará excesivamente por gestionar su tiempo eficazmente. Pero, por otra parte, no te servirá de mucho tener aspiraciones elevadas si no vives lo suficiente para disfrutar del éxito.

La solución es encontrar el equilibrio adecuado. Si eres capaz de demostrar cierto grado de flexibilidad en el trabajo, esto te ayudará enormemente a mantener tu nivel de estrés dentro de unos límites aceptables. Esto no sólo se aplica a tus actos, sino también a tu forma de pensar. Si piensas de una forma adecuada, tendrás más capacidad de realizar eficazmente tus tareas. ¿Recuerdas la diferencia entre trabajar de forma reactiva y proactiva? Si piensas bien, lo harás bien.

Si no tienes estrés excesivo, tendrás tiempo para pensar globalmente y no en una única dirección, lo que te permitirá encontrar métodos novedosos para resolver las cosas. Ser creativo te ayuda a mantener una actitud positiva. Ser positivo impide que te sientas desbordado. Aunque evitarás sentirte desbordado si eres capaz de gestionar bien el tiempo. Y recuerda que los buenos gestores de tiempo no padecen un estrés excesivo. Y así sucesivamente: es un círculo virtuoso.

Rookie en acción: para conservar la calma, necesitas mantener el máximo control posible sobre tu vida laboral. En situaciones difíciles puede resultar difícil hacerlo. En líneas generales, las personas optimistas abordan mejor estas situaciones que las pesimistas, al tiempo que obtienen mejores resultados de quienes les rodean: un vaso medio lleno es siempre más atractivo que uno medio vacío. Pero aún cuando seas una persona con tendencias pesimistas puedes hacer muchas cosas para mantener la calma (en el apéndice aprenderás algunas técnicas sobre esto).

Si la situación es compleja, concéntrate al máximo. Si te concentras en un aspecto de la tarea en particular, te resultará más sencillo. Y no olvides premiarte cuando logres tus objetivos. Las recompensas son necesarias y eficaces, y celebrar los éxitos, incluso los más pequeños, hace milagros en la autoestima.

Cosas que voy a hacer...

Cosas que necesito que otros hagan por mí...

Puede que a veces te resulte difícil ser optimista cuando intentes hacer más cosas de las que debes hacer (y menos de las que no debes) y mantener, al mismo tiempo, un nivel saludable de estrés. Esfuérzate al máximo y ten en cuenta todos los factores que inciden en tu situación. Pero aclaremos una cosa: mucho de lo que conseguirás dependerá de tu actitud. Aquí tienes una pequeña guía acerca de cómo enfrentarte a tu día a día e identificar tus actitudes para poner soluciones si las necesitas.

APÉNDICE
Entrena tu actitud

Situaciones y actitudes negativas

Tienes un problema…

- Si no sabes establecer tus prioridades, nunca podrás gestionar tu tiempo.
- Debes controlar las interrupciones, ya sean debidas al teléfono, al correo electrónico o las personas.
- Supera tu costumbre de dejar para *mañana* lo que tienes que hacer. No lo dejes para más tarde, hazlo ahora. No en cinco minutos. No esta tarde. AHORA.
- Reacciona con rapidez ante las crisis. La emergencia de hoy, puede ser el desastre de mañana.

¿Estás agobiado? Seguro que sí, si…

- Pasas más de diez horas al día trabajando.
- Te llevas trabajo a casa tres o más días a la semana.

- Pasas noches en blanco y/o sueñas con el trabajo.
- Últimamente te has visto obligado a cancelar alguna actividad social por trabajo.

El estrés es…

- Un desequilibrio entre la percepción de lo que se exige de ti y la percepción de tu capacidad para responder ante esas exigencias.
- La falta de capacidad para ver la importancia real de las cosas en lugar de su importancia subjetiva. Si no pudieras terminar tu trabajo, ¿pasaría algo? ¿Alguien podría hacerlo por ti?
- Algo que debes reducir o, si no, tendrás más dificultades para gestionar tu tiempo.

Ladrones de tiempo en la oficina

- La desorganización: escritorios desordenados, sistemas inviables.
- Las interrupciones: llamadas, tareas o visitas inesperadas.
- Las reuniones: asistencia a conferencias, seminarios o talleres innecesarios.
- Papeles: solucionálos ya; decide qué es urgente, qué es importante y qué es irrelevante.

Actitudes y soluciones positivas

Propósitos

- La regla de oro: nada se vuelve más fácil si se deja para más tarde; al contrario, con total seguridad será más complicado de resolver.
- Utiliza tus puntos fuertes: muchas veces las ignoramos y subestimamos.
- Sé realista, no perfecto: nadie puede (ni debe) hacerlo todo.

- ¿Un gran proyecto? Prueba a abordarlo de forma diferente.
- Busca o crea una zona neutra sin interrupciones.

Evita postergar las cosas

- ¿Cómo te comerías un elefante? ¿Entero o en trocitos más pequeños? Actúa igual con las tareas complejas que tienes que realizar.
- El plan de los diez minutos: todo el mundo puede hacer cualquier cosa, por muy desagradable que sea, durante diez minutos.
- Empieza por lo que menos te guste: quítate de encima enseguida la tarea más complicada.
- Recompénsate: tras una tarea desagradable, realiza otra con la que disfrutes.
- Haz públicas tus intenciones: dile a alguien qué plazo te has fijado; comprométete.

Buenos hábitos

- Anota las cosas: si lo haces, no las olvidarás.
- Haz compartimentos de tiempo: deja tiempo en tu agenda para las prioridades.
- Posterga la reacción: reflexiona, en lugar de reaccionar ante las situaciones.
- Delega: no te las arregles tú solo. Pide ayuda o distribuye el trabajo.
- Fíjate objetivos: lo mejor es definir metas realizables y objetivos claros.

Trabaja con objetivos SMART

- **(S)**uperespecíficos: conoce qué quieres conseguir.
- **(M)**ensurables: conoce lo útil que va a ser.
- **(A)**lcanzables: asegúrate de que realmente puedes hacerlo.
- **(R)**ealistas: ¿realmente es importante?
- **(T)**emporalmente limitados: ¿sabes cuánto tiempo te va a llevar?

El Principio de Pareto (la Regla de 80/20)

- El 20% de tu día lo dedicas a tareas importantes.
- El 80% de tu jornada laboral simplemente agotas el tiempo restante.
- Por eso, limítate a hacer las tareas importantes para reducir el tiempo de trabajo.

La Ley de Parkinson

Percibirás una tarea como más importante y compleja, cuanto más tiempo dispongas para llevarla a cabo.

Por eso, reduce el tiempo de trabajo para reducir así la importancia de la tarea.

Reflexiona sobre estos dos enfoques inversos y combínalos para obtener el mejor resultado. Identifica un número reducido de tareas críticas que contribuyan a tu eficacia personal y prográmalas con plazos muy ajustados y claros.

No te consientas ninguna frase negativa del tipo «Nunca seré capaz de hacer todo esto; ¿cómo voy a acordarme de todo?». En lugar de eso, sé positivo y repítete a ti mismo: «Esto me va a ayudar a gestionar mi tiempo y ahorrarme un montón de estrés». Recuerda que todo lo que has leído en las páginas anteriores ha sido probado y realmente funciona. Ahorrarás tiempo y estrés si sigues estos consejos y sugerencias.

Si estás atravesando una etapa difícil:

- Entrena tu cerebro para que acepte sólo los mensajes que consideres importantes.
- No dejes que absorba información negativa.
- Cuando te enfrentes a un problema, busca una solución, no una razón para desistir.
- Si has intentado una cosa y no ha funcionado, no tengas miedo de volver a intentarlo más tarde...

- … o, si prefieres, prueba algo diferente.
- Recuerda, sólo fracasas cuando te rindes.

Por último, parafraseando a Henry Ford, «Tanto si piensas que puedes, como si piensas que no puedes, estás en lo cierto». Recuerda que básicamente dependerá de tu actitud.

EXECUTIVE
Excellence®
LA PRIMERA REVISTA DE ALTA DIRECCIÓN: QUIENES DECIDEN
Suplemento de management de CINCO DÍAS.
Publicación oficial del
CLUB EXCELENCIA EN GESTION.
Única revista Asociada a CEDE.
Única revista en cuyo Consejo Editorial
están todas las Escuelas de Negocio:
IESE, IE, ESIC, ESADE e ISEM.
www.eexcellence.es